LGBTのコモン・センス

自分らしく生きられる世界へ

LGBT COMMON SENSE

池田弘乃
IKEDA Hirono

第三文明社

連帯という言葉を教えてくれた亡き祖父・桂　公平に。

装幀／Nakaguro Graph（黒瀬章夫）
本文レイアウト／エイブレイン

はじめに

常識の編み直しへ

本書のタイトルに含まれている「コモン・センス」（common sense）とは、文字通りには、「人々が共有する／共通に持つ（common）」「感覚や判断力」（sense）という意味である。そのまま共通感覚と訳すこともあるが、多くの場合、常識や良識と訳されている。常識や良識といった言葉は、今ではもはや翻訳語であるということもさほど意識されずに日々使われているかもしれない。

多様な性に関わる事柄について、現在、常識とされるものは、実は単なる思い込みや漠然とした印象によるものにすぎないかもしれない。それらを、文字通り「人々が共有する」に値する現実に即した常識へと更新していくことはできないものだろうか。その目的のために、性について、今、私たちが抱いている常識をあらためて俎上《そじょう》に載せて、それが常識の名に値するものなのか、一つ一つ吟味《ぎんみ》する作業を行ってみたい。この企てにあたって、この社会で性的マイノリティとしての生を現に送っている人々の声から本書は出発する。

「ＬＧＢＴのコモン・センス」という本書のタイトルは、ＬＧＢＴについての常識を読者へ教え諭《さと》そうという意味ではない。そうではなく、ＬＧＢＴという言葉を手がかりに、多様な性に関する常識の編み直しを読者の皆さんと共に始めたいという志がそこには込められている。

本書の構成

本書は、第一部「わたしたちはここにいる」と第二部「全ての個人の尊重に向けて」の二部から構成されている。

第一部の各章では、性的マイノリティとしての生活の中から汲《く》み上げられた様々な言葉に触れていきたい。登場するのは順番に、男性のカップル（第一章）、女性のカップル（第二章）、トランス男性とそのお連れ合い（第三章）、そしてトランス女性（第四章）である。登場してくださる皆さんは、それぞれ何かを代表するとか、典型的な姿だという訳ではない。性的マイノリティ当事者の姿は、非常にいろいろなものであることは言うまでもない。もし、性的マイノリティと聞いて、何らかの固定的なイメージが浮かぶようなら、それは私たちが「まだ何も知らない」ことのあらわれでしかないだろう。とりわけ、第一部でお話をお聞きした皆さんは、それぞれカップルを軸とする形で人生を紡《つむ》いでいる人々である。それが様々な当事者の姿のうちある一面を描いたものであることは、あらかじめお伝えしておきたい。

一方で、様々な性的マイノリティの人生を、固定的なステレオタイプ（紋切型）に押し込めてしまうのは、慎まなければならない。とはいえ、他方で、この日本社会において、性的マイノリティを生きることには一定の共通性があることも厳然たる事実である。それは、この社会に、どのような制度が用意されているのかという実状に由来する。この社会では、どのような性のあり方を生きる人も、「個人として尊重」されているといえるだろうか。「個人として尊重」していくための制度・仕組みは整っているといえるだろうか。現実には、制度の不足や不在に伴って、性的マイノリティの生活には、一定の共通性がにじみ出ざるを得ない。

そのことを重く受け止めつつ、それでも本書では、日本社会は、何とか全ての「個人の尊重」という方向へ一歩ずつ進もうとしているところであるという認識に立つ。第二部では、全ての人が「個人として尊重」される社会を展望していくために、多様な性に関わる言葉について整理し（第五章）、日本社会の現時点での課題について考察することにしたい（第六章）。本書は、この社会が「一歩ずつ」進もうとしていることの一つの証として、二〇二三年六月の「多様な性」理解増進法の制定をあげることができるという立場をとる。同法については、厳しい評価も少なくない。たしかに、立法過程における様々な妥協の産物であるという面は否定できない。それでも、一つの法律ができたことには大きな意味があると捉えてみたい。第二部の補章では、この理解増進法についての谷合《たにあい》正明さんとの対談を収録した。なお、第二部では、第一部ですでに触れた事柄についても、繰り返しをいとわず説明している箇所がある。煩瑣《はんさ》に感じられるかもしれないがご海容をお願いしたい。

実は、第二部の内容はすぐにでも時代遅れのものとなってほしいというのが筆者の偽らざる思いである。そこに描かれている制度が、より包摂《ほうせつ》的なものに変わっていくことを切に願っている。これに対し、第一部の内容は、時の経過に耐える言葉を含むものであると信じる。うかがったお話をまとめる途上で、ところどころに筆者の解釈を合いの手として挟んではいるが、少なくとも「　」でくくられた部分については、登場人物たちが語った言葉をそのまま再現したものである。筆者自身の筆の拙《つたな》さはさしおくとして、そこで発せられた登場人物たちの言葉は、次代に受け継ぐ価値のあるものと信じて、ここに記録されている。

日本社会は、そして世界はどこへ向かおうとしているのだろうか。そしてどこに向かうべきなのだろうか。答えがあるかどうかもわからないこの問いについて、本書は「個人の尊重」という言葉に度々立ち返りつつ考察する。その「個人」は、充実した孤独を生きることもあるだろうし、様々な他者とのつながりを紡いでいくこともあるだろう。また「尊重」のために、様々な調整やすり合わせが必要になることも出てくるだろう。そして、どのように尊重していくのかという話は、自ずとなぜ尊重するのかという話につながっていくだろう。この「なぜ」という問いに、私たちのコモン・センス（常識）はどのように応答するだろうか。そんなことにも思いを巡らせつつ、本書を読んでいただければ幸いである。

それでは、読者の皆さんと共に、性に関するコモン・センスを共に編み直していく旅路をスタートしてみたい。

―目次―　LGBTのコモン・センス――自分らしく生きられる世界へ

はじめに　3

第一部　わたしたちはここにいる　15

第一章　相方と仲間―パートナーとコミュニティ　16

性に関する「常識」　17

「カミングアウト」という言葉　22

同性カップルと日本社会の現状　29

第二章　好きな女性と暮らすこと
―ウーマン・リブ、ウーマン・ラブ　36
「新しい常識」を作る　37
バイセクシュアルという言葉　39
ウーマン・リブの時代　43
様々なカミングアウト　45
二つの「結婚」と子どもたち　50

第三章　フツーを作る、フツーを超える
―トランスジェンダーの生活と意見　57
トランスジェンダーとシスジェンダー　58
自分らしさを巡る旅　61

第一部

選択肢が狭まっていく　64
GIDという言葉　69
性別移行とカミングアウト　75
トランスするという経験　81
少数意見の知恵　85

第四章　社会の障壁を越える旅―ゆっくり急ぐ　94

二分法をトランスする　95
障害と共に生きる　98
テレビで見た当事者　101
移行期間の設定　105
「がんばってきんさい！」　109
障壁のない社会へ　111

第二部　全ての個人の尊重に向けて　115

第五章　多様な性を考えるための言葉　116

1 日本社会の現在地　116
（1）大切な人を看取る　117
（2）多様な人、多様な性　118
2 どうアプローチするか　120
（1）自己理解と相互理解　121
（2）学び続ける者として　122
3 性の様々な側面　124
（1）社会生活上の性別と性別の表現　126
（2）生物学的な性別について　128

（3）公的登録上の性別（法的な性別）　131
（4）ジェンダー・アイデンティティ／性同一性／性自認　132
性自認と性別の表現　136
（5）性的指向　137
SOGIという言葉　138

第二部

第六章　日本社会の課題と展望　140

1　SOGIに関するマイノリティとマジョリティ　140
（1）出生時の登録性別と性自認との関係　140
（2）本人と惹かれる相手との関係　142
（3）マイノリティとマジョリティを語る言葉　143
2　日本社会の課題　145
（1）同性カップルの生活保障　147

（2）性自認に沿った社会生活　151
3「性の多様性」理解増進法の理解へ　155
（1）急転直下の四党合意　156
（2）新法の目的と理念　158
（3）新法を育てていくために　161
補章
対談　全ての人が自分らしく生きられる社会に
（谷合正明×池田弘乃）　164
おわりに　177
索引　181

第一部

わたしたちはここにいる

第一章　相方と仲間――パートナーとコミュニティ

以下、私が示すのは単純な事実と平明な主張、そして常識〔common sense〕である。読者にあらかじめお願いしたいことがある。第一に、固定観念や先入観を捨てて、理性と感情を働かせて自分で判断をくだしていただきたい。第二に、人間としての真の品性を身につけていただきたい。いや、保っていただきたい。第三に、現在のことにとどまらず未来にまで視野を大きく広げていただきたい。

（トマス・ペイン『コモン・センス』、角田安正訳、光文社、二〇二一年、五十二頁。〔　〕内は引用に当たって付記した。）

性に関する「常識」

あるカップルのことをお話ししたい。一九八七年生まれ、同い年の二人はつきあって五年目。一人はシステムエンジニアとして働き、もう一人は介護施設に勤めている。喧嘩もするが仲のよいこのカップルには夢がある。二人で子どもを育てたいという夢が。

しかし、この夢へのハードルはかなり高いのが日本の現状である。なぜなら、この二人は男性同士のカップルだから。

現在の日本では「性」に関する常識としてどのようなものがあるだろうか。

・人間の性は男女の二つに分かれる。
・男性は女性を、女性は男性を好きになり、愛し、家族をつくる。
・生まれたときに登録された性別を人はずっと生きていく。

例えば、こんな「常識」[1]が世の中にはあるかもしれない。第一部では、多様な性を生きる

1 「常識」という言葉は、明治期の造語である。英語のコモン・センス（common sense）、フランス語のbon sens等の訳語として作られた（杉山直樹「常識・共通感覚・良識」、石塚正英・柴田隆行監修『哲学・思想翻訳語事典』、論創社、二〇〇三年、一五一―一五二頁）。

当事者の生活と言葉からヒントを得つつ、これらの常識を少しずつ現実に即したものへと編み直していくための探究を始めてみたい。

とはいえ、性は表立って言葉にする領分ではないとされることも多いため、常識を意識することと自体が難しいということもある。もちろん、とりたてて言葉にすることなく接すべき事柄もあるが、他方で、きちんと言葉にして共有していくことが不可欠な事柄もある。

いかなる性を生きる人も差別されることなく暮らしていくために、社会に必要なこと。それについては「言葉にして共有」し、制度を作っていく必要がある。そのような制度が保障されればされるほど、各人がそれぞれの性のあり方をどのように、いつ、誰に対して、伝えたり、伝えなかったりするのか、その自由が確固としたものになっていくだろう。それが本当の意味で、各人のプライバシー権（自身の個人情報をコントロールできる権利）が保障される社会につながる。

「言葉にしなくてよい」という安心感、そして「他人に勝手に言葉にされることはない」という保障の上で、「言葉がきちんと届く」社会をきちんと整えていくこと。それと同時に、人々が「言葉にして共有すべき」事柄は何かという点についても一歩ずつ見定めていくことを当面の指針として進んでみよう。

男性の同性愛・同性愛者をゲイと表現することがある。さきほど紹介した二人もゲイカップルであると表現できる。ＬＧＢＴという言葉を耳にすることも増えてきた。

ＬＧＢＴとは、レズビアン・ゲイ・バイセクシュアル・トランスジェンダーという四つの言葉の頭文字をとった略称であることはご存じの方も多いだろう。レズビアンとは、恋愛・性愛の対象が同性である女性。ゲイとは、恋愛・性愛の対象が同性である男性[2]。バイセクシュアルとは、恋愛・性愛の対象が同性であることも異性であることもある人。トランスジェンダーとは、出生時に登録された性別と異なる性別を生きる人、生きようとする人。「ＬＧＢＴ」とは「これら四つの性のあり方を並べて、その連帯を表現した言葉」という風にとりあえず捉えておくことにしよう。

性的マイノリティ（性のあり方についてのマイノリティ・少数者）のうち、四つのあり方を並べたこの言葉に、近年はＬＧＢＴＱといった形でさらに頭文字を付け加えていくことも出

2　英語のgayは、同性愛について男女問わず使われることもある。

てきている。Qとは、クィア（queer）とクエスチョニング（questioning）の二つの言葉の頭文字である。クィアは、元々は英語で「おかしな、奇妙な」という意味をもつ侮蔑《ぶべつ》語だったが、性的マイノリティ当事者が逆手にとって、自らのあり方を誇りと共に表明するために使われるようになった。規範的な性のあり方・性の常識に異議申し立てをするというニュアンスをもつ言葉である。クエスチョニングとは、自身の性のあり方について、保留したり、未決定だったり、模索中だったりすることを指す言葉である。言うまでもなく、自身の性のあり方を明確な形で決定していなければいけないということはない。クエスチョニングであるということも尊重されるべき一つのあり方である。

LGBTのうち最初のLGBの三つは、恋愛・性愛の対象と自己の関係を述べる言葉である。恋愛・性愛がどのような性別に向かうかを「性的指向（sexual orientation）」ということがある。LGBは性的指向という点でのマイノリティである。これに対し性的指向という点でマジョリティとなるのが「異性愛者」ということになる。とはいっても、おそらく異性愛者自身は「性的指向」という言葉を生活の中で意識することはあまりないかもしれない。異性愛という性的指向は世の中で「当たり前」とされていて、意識する必要がないからである。

その「当たり前」とのズレを感じたり、「当たり前」の揺らぎに出会ったり、「当たり前」にふと「なぜだろう?」と感じたりした人にとって、「性的指向」という言葉は、社会や自己のあり方を捉えるための一つの有用な道具となる。

LGBTの最後にあるTは、自己の性別のあり方について述べる言葉である。自己の性別のあり方について、性自認や性同一性(gender identity)という言葉を使うことがある。[3] 一人一人のアイデンティティ(人となり)を構成する要素には実に様々なものがある(例えば、母語は何か、国籍は、職業は、趣味嗜好《しこう》は、飲酒喫煙習慣の有無は……等々)。「私は〇〇である」という文章の〇〇には非常にいろいろな事柄をあてはめることができそうだ。それらの中には一生を通じてあまり変わらないもの(例えば、母語)もあれば、比較的容易に変化したり変更されたりするもの(例えば、職業)もあるだろう。それらのうち、各人が経験し、実感している「私の性別」のことをジェンダー・アイデンティティと呼んでいると整理することができるだろう。「性自認」という訳語があてられることが多いが、この「自認」という言葉には、「自

3 性的指向と性自認の頭文字を並べてSOGIと表現することがある。詳しくは第五章で触れることにしたい。

分で好き勝手に、勝手気ままに選択するもの」という含みはない。「性自認」はあくまでジェンダー・アイデンティティの訳語であるということを忘れずにおきたい。私たちは生活の中で（多くは意識することもなく）相互の性別について想定・推測・前提にしつつ行動している。しかし、実際に本人の「私の性別」について知っているのは当の本人である（ほとんど同語反復気味の文章だが、あえて強調しておきたい）。

「カミングアウト」という言葉

さて、冒頭でご紹介した二人のことを「ゲイの」カップルと表現することで、私たちは彼らについて何かを知ったことになるのだろうか。

例えば、ある男性と女性からなるカップルについて、「異性愛のカップル」だと教えられて、私たちは彼らについて何ほどかでも「知った」気になるだろうか。おそらくならないだろう。なのに、ゲイカップルだと、「ゲイである」ということだけで一つの特別な情報となるのだとしたら、それはなぜなのか。

唐突で下品な喩《たと》えであることを承知で言えば「犬が人を噛んでもニュースにはならないが、人が犬を噛めばニュースになる」といったことに似た事情が、ここにもあるのかもしれない。私たちの社会では、カップルは「男性と女性」によって成立することが当たり前とされてきた。だから、それ以外にも「男性と男性」のカップルや、「女性と女性」のカップルもいることが、いまだに、それだけで大きな「ニュース」になることもある。

もちろん、世間の「当たり前」がこのようなものである以上、同性のカップルは、生活の様々な場面で、しばしば「生きづらさ」に直面したり、障壁につき当たったりすることがある。その日本社会の実態について私たちが正確に共有していく必要性は非常に大きい。でも、そのときには、そこで提示された「生きづらさ」や障壁について、全く意識することもなく（意識する必要もなく）生きている人々が多くいるという現状の問題にも目を向けることが大事になってくる。

マイノリティについて知ることは、「一部の特殊な人々に配慮しましょう」という心構えを確認するためのものではないはずだ。少なくとも本書では、むしろ、この世の中は「性」について、どのような暗黙の前提、当然の想定に基づいて動いているのかを自覚していくこと、そしてその当然の想定の是非を自分事として吟味していくような姿勢を大事にしていきたい。

冒頭のカップルの話に戻ろう。お二人をこれからはニックネームでシンさんとシュウさんと呼ぶことにしたい。シンさんは、一九八七年四月生まれ、横浜で生まれ育ち、今もその地に暮らす。四人きょうだいの一番上だ。

小さい頃から、自分は同性に関心があると気づいていたが、それを自覚し始めたのは、中学校の部活動でＢＬ（ボーイズ・ラブ）[4]の同人誌が流行ったのがきっかけだった。そこに描かれる男性同士の恋愛関係に心躍らせた。同じ部活の女性の先輩には、自分がＢＬ好きであることも素直に話せた。その頃から「カミングアウトするのは女性の友人のほうが多かったような気がする」とシンさんは語る（男性にカミングアウトするときに、しばしば「〈俺のこと〉好きにならないでよ」というセリフが返ってくるのも、男性相手のカミングアウトを「面倒くさい」ものとするとのことだ）。

「思い返してみたら、小学校の頃から男性アイドルを目当てにアイドル雑誌を買ったりしてました」

中学生から髪を伸ばし始めたシンさんは、今も長めの髪を後ろで小ぎれいに結《ゆ》って暮らしている。中学三年生の頃、同級生の男子に思いを「告白したい」と感じるようになる。そのことを、シンさんは塾の男友達に相談しようとしたそうだ。ところが、そこで実はその塾友達のことこそ好きだったことに気づいたのだという。

「自分は男の人が好きだって、そのとき確定しました」

高校に進学すると、学校の図書室には、同性愛についての書籍も置いてあったそうである。今思い返すと、おそらく伊藤悟さん・簗瀬《やなせ》竜太さんの本や石川大我《たいが》さんの本であった。[5]「東京都青年の家事件」のこともそれらの本を通じて知ることになる。その頃、テレビドラマ『3年B組金八先生　第6シリーズ』では、上戸彩さんが「性同一性障害」当事者の生徒を演じ話題となっていた（二〇〇一年放映、TBS系列）。

「東京都青年の家事件」とは、同性愛者のネットワークづくりや同性愛に関する正確な知

4　マンガ、アニメ、小説などにおいて「男性同士の親密な関係や恋愛、性愛をテーマとした女性向けジャンル」のこと。堀あきこ・守如子編『BLの教科書』（有斐閣、二〇二〇年、i頁）。

5　例えば、伊藤悟（やなせりゅうた編集協力）『同性愛の基礎知識』（あゆみ出版、一九九六年）、伊藤悟（すこたん企画編集）『同性愛がわかる本』（明石書店、二〇〇〇年）、石川大我『ボクの彼氏はどこにいる？』（講談社、二〇〇二年）。

識の普及などを目的とする当事者団体「動くゲイとレズビアンの会（アカー）」が、一九九〇年に東京都の府中青年の家という研修施設での合宿において、他の宿泊団体のメンバーから嫌がらせを受けたことに端を発する事件である。「動くゲイとレズビアンの会」が都に対策を求めたのに対し、都の担当者は問題に向き合わないどころか、なんと会の今後の宿泊利用を断るという態度を示した。利用申請が受理されなかったことに対し、「動くゲイとレズビアンの会」は違憲であるとして損害賠償を求める訴訟を提起。裁判所は都が同性愛者に対し差別的取扱いを行ったことを認定し、都は敗訴している（一九九四年、第一審判決。一九九七年、控訴審判決）。高等裁判所の判決文から一節を引用しておこう。

平成二〔一九九〇〕年当時は、一般国民も行政当局も、同性愛ないし同性愛者については無関心であって、正確な知識もなかったものと考えられる。しかし、一般国民はともかくとして、都教育委員会を含む行政当局としては、その職務を行うについて、少数者である同性愛者をも視野に入れた、肌理《きめ》の細かな配慮が必要であり、同性愛者の権利、利益を十分に擁護することが要請されているものというべきであって、無関心であったり知識がないということは公権力の行使に当たる者として許されないことである。このことは、現在ではもちろん、平成二年当時においても同様である。

（東京高等裁判所平成九（一九九七）年九月十六日判決、『判例タイムズ』九八六号二一四頁）

高校時代、シンさんは「周りにゲイばれ（ゲイであることがばれていた）」していたという。シンさん自身がとりたてて隠そうとしていなかったということと、男性に複数回、好きな気持ちを告白し（そして撃沈し）ていたからである。ゲイであることを「いじってくる」同級生もいたが、いじられているシンさんを守ってくれる友人にも巡りあうことができた。

大学生になると、自分以外のゲイの知人やゲイ以外の様々な性的マイノリティの知人も増えてきた。自助グループのようなコミュニティにも参加するようになった（「自助」といっても、月に一回くらいのペースで集まって、ファミレスなどで駄弁《だべ》るのが中心だったが）。

明確な輪郭がある訳ではない、むしろ境目の曖昧な当事者たちの集まり。でも、そこではお互いが、マイノリティであるということで、多かれ少なかれ自分を隠したり、無理をしたりといった経験をしてきたことを共有できた。愚痴を言ったり、逆に励まし合ったりすることもできるコミュニティで、自分より一世代も二世代も年上の同性カップルが（時に喧嘩しながらも）暮らしている姿を垣間見れたことも大きな経験だった。

こういうコミュニティ（当事者のネットワーク）があるという実感は、それ以降、シンさんがカミングアウトするときの大きな支えとなったという。

先ほどから何回か触れてきた「カミングアウト」という言葉は、「カミング・アウト・オブ・ザ・クローゼット（coming out of the closet）」という英語に由来する。クローゼット（押し入れのようなもの）から「外に出る」という言い方で、自身の性的指向・性自認を他人に伝えたり、公にしたりすることを表現している。これとは逆に、本人のプライバシーに関わる事柄を、無断で第三者に暴露することを「アウティング」という。当然ながら、たとえよかれと思ってやったとしても重大なハラスメントに該当する振る舞いである。

シンさんは二十一歳のときに、「自分は男性が好きなこと」をご自身の父親にカミングアウトした。シンさんの場合は、母親より父親に言いやすかったそうである。逆に、母親には今も明言はしていない。母親には、一緒に暮らしているシュウさんのことも、「友人」として紹介している。父親はカミングアウトを受けたときショックを受けているようだったという。それでも、シンさんは伝えることができたことを後悔してはいない。

同性カップルと日本社会の現状

次に、シンさんの相方シュウさんの話に耳を傾けてみよう。シュウさんは、中国は上海市の近郊にある小さな山奥の村で生まれ育った。シンさんと同じ一九八七年の九月生まれ。三人きょうだいの末っ子である。来日して七年目になる。シンさんとシュウさんは日本人と中国人のゲイカップルということになる。

高校二～三年生にあたる年齢の頃、ある男性を好きになった。そのとき「（自分は他人と）違うのかなと思った」という。それでも、向こうが異性愛者だろうと思うと、こちらの好意を伝えることはできなかった。中国は現在も性的マイノリティについて非常に厳しい態度をとっている社会である。[6] 大学を出て就職しても、仕事場では「彼女がいるのかどうか」や「結

6　一方、台湾はアジア圏で初めて同性間の婚姻を法制化している（同性婚を認めないことは憲法違反との司法判断が二〇一七年に下されたことを受け、民法が改正された）。鈴木賢『台湾同性婚法の誕生――アジアLGBTQ＋燈台への暦程《みち》』（日本評論社、二〇二二年）に詳しい。

婚はしないのか」といった話題ばかりで、それはとても息苦しいものだった。そこであるとき、日本の企業からスカウトがあったことをきっかけに日本での暮らしを始める。

親ときょうだいには、カミングアウトしていない。親戚のおじさんには、「結婚をつよくすすめられた」ことをきっかけに、カミングアウトしている。それでも、「たとえ同性愛者であっても結婚したほうがよい」との「アドバイス」を受けたそうだ。小さい頃から仲のよかったいとこの女性には、「なぜ日本に行くのか」の理由を話す過程でカミングアウトすることになったという。

シンさんとシュウさんは、五年前横浜のとあるゲイバーで知り合った。シュウさんのルーツが中国であることを知ったシンさんは三国志の話題でシュウさんに話しかけ、二人は意気投合。知り合って二週間あまりで交際を始め、およそ半年後から同棲を始めたという。とはいえ、日本ではまだまだ同性のカップルが住居を探すのには、大家さんや不動産業者からの偏見による多くの困難があるのが実情である。

シンさんはシュウさんと出会ったことで、かつて初めてコミュニティと出会ったときとはまた別の、もう一つの大きな支えを得られたという。もちろん、育った文化が違う二人の暮らしは、折り合いの付け方を模索し学んでいく日々だった。

そんな二人も、街を歩くときに手をつなぐことはないと語ってくれた。同性のパートナー同士にとっては、手をつなぐことが、それだけで大きな意思表明になることがある。ゲイタウンと呼ばれる東京・新宿二丁目の一角や、性的マイノリティのパレードという場（どちらも「ハレの空間（非日常的で聖なる空間）」ともいえようか）ではない、自分たちが暮らす地元の街で、シンさんとシュウさんが手をつないで歩くことはない。

シュウさんは、二人の待ち合わせのとき、シンさんに向かってよく「〔会ったときに〕なんで笑ってくれないの？」と聞くことがあったという。そんなとき、シンさんはやっぱり世間の目を気にしている自分がいることに気づく。

二人の暮らしは、一つ一つ共同生活を作り上げつつある過程にある。喧嘩もするが支え合う二人である。稼ぎ手が二人ということで、暮らしの水準はそこそことのこと。最近、シンさんは勤め先の上司にカミングアウトし、福利厚生面について同性カップルの扱いを相談したところだ。今は先方の返事を待っているところである。おそらく、会社では想定されていないのだが、それでも、声を伝えることが第一歩だとシンさんは考えている。

でも、「何か突発的な事態が起きたら、この暮らしがどうなってしまうのだろう」という不安が脳裏をよぎることはあるという。例えば、どちらかが急病になったり、事故にまきこまれたりしたとき、医療現場は二人を「家族」として扱ってくれるだろうか。特に、外国籍であるシュウさんの場合は、そこにビザや在留資格に関わる問題も生じてくる。

医療用の意思表示カードを携帯することはせめてもの自衛手段である。そのカードにキーパーソンとしてお互いのことを明記しておけば、医療機関がそれを尊重してくれることが期待できる。法律上、男性と女性のカップルであれば、最も「手軽な」家族関係の証明として婚姻という制度を利用することができるが、同性カップルについては、日本ではそのような法的制度は存在していない。

同性カップルの生活を守る法律は存在しないものの、自治体の中には、同性カップルに「カップルであることの公的な証明書」を発行するところも増えてきた。税金・社会保障・相続等の面で「異性間の夫婦」が享受している便益を伴う訳ではないのだが、同性カップルにとって自分たちの関係を公的に証明できることの意義は決して小さなものではない。当事者の生活の近くにある自治体だからこそ、自治体にできうる限りのことをしようという志のあらわれといえるかもしれない。
しかし、法律を作ることは国（国会）にしかできない。日本国憲法の二四条二項にはこうある。

配偶者の選択、財産権、相続、住居の選定、離婚並びに婚姻及び家族に関するその他の事項に関しては、法律は、個人の尊厳と両性の本質的平等に立脚して、制定されなければならない。

「個人の尊厳と両性の本質的平等」という言葉に注目したい。日本で暮らす全ての人間の「個人の尊厳」を保障するためには、同性カップルの生活を守る仕組みが不可欠ではないだろうか。
冒頭にも述べたように、二人には「共に子どもを育てたい」という夢がある。同性で法律上結婚できるようになれば、その先に、法的な親として子どもを育てる可能性が開けてくる。そのような制度を二人は希求している（現状でも、里親という形であれば、同性カップルに資格を認める地域も存在している)。

でも……「日本では難しいかもしれない」という思いがあるのも正直なところだという。日本の現状が、この社会の中でいろいろな共同生活・様々な家族の暮らしを可能にするための十分な仕組みをもっていないのだとしたら? 最初から一定の可能性を奪われている人々がいるのに、そのことに世の中のまだ大半は切実な関心を抱いていないのだとしたら?

実は、二人の中にはカナダに移住して生活するという選択肢も、真剣な候補の一つとして存在している。様々な可能性を探求するのは、もちろん二人の大事な共同生活の一コマである。最適な形が開けていくことを切に願う。

シンさんも、シュウさんも、「ゲイじゃなかったら出会えなかった様々な人々」に出会えたことを「ゲイでよかったこと」としてあげてくれた。特にシュウさんは「ゲイでなかったら、そもそも日本に来ていなかっただろう」という。

ここまで声を紹介してきたこのカップルは、特に典型的なカップルだとか、平均的なカップルだという訳ではないかもしれない。それでも、このお二人のお話をうかがっていて、シンさんが最後にぽつりと残してくれた言葉は、日本社会の現状を如実に、そして実に的確に言い当てているように感じられた。

「生きづらさの根っこにあるもの、それは僕たちには〝権利が与えられていない〟ということなんです」

第二章

好きな女性と暮らすこと
――ウーマン・リブ、ウーマン・ラブ

「女らしさ」や「美醜」といった現在の価値基準によってけずられていった私自身の自尊をとりもどし、自分を信頼する能力を身につけること、他人（最初はまず、私と対していた女性一人から始めなければならなかったが）を信頼する能力を身につけること、そうすることで、私にも他人との関係をつくることができるのだという自信をとりもどすこと、自律と自立の感情の基礎をつくること。

（掛札悠子《ひろこ》『「レズビアン」である、ということ』、河出書房新社、一九九二年、一三三頁）

「新しい常識」を作る

この章では、ある先輩の女性たちの声から、性に関する「新しい常識」を作っていくためのヒントを受け取ってみたい。先輩といっても学校や職場の先輩ではなく、人生の先輩である。福美さんとなおみさんは、東京近郊の街に暮らしている。女性同士の二人暮らしを始めて十年ほどが過ぎた。なおみさんは一九五八年生まれで、福美さんは一九六〇年生まれ。掛け合い漫才のように軽妙なやり取りをしているときもあれば、ゆっくりと一つ一つ言葉を紡ぎながら話すときもあるこのお二人の市井《しせい》の賢人の言葉から、また一つ性の常識を編み直していくための知恵をお借りしよう。

なおみさんは神奈川県で生まれ育った。自分の性について意識しだしたのは中学生の頃だった。ボーイッシュないで立ちで、周りの女の子たちからお姉さんとして慕われていたなおみさんは、彼女たちと交換日記をしたり、クラブでバスケットボールに打ち込んだりしていた。それでも、そのとき感じていた気持ちはほのかな好意というようなものだったし、相手が男性か女性かということで区切るということではなかった。

高校生になると、「自分は女性が好きなんだ」ということを真剣に意識するようになった。同級生とは、初めてとなるお付き合いも経験した。周りの友人たちは、そんななおみさんに対し、「なおみなら女性が好きでも仕方ないよね」という感じで接してくれていたそうである。なおみさん自身は、ボーイッシュにしていたい時期もあれば、フェミニンな感じに髪の毛を伸ばして化粧をしていたい時期もあり、そのときどきの気持ちに素直に従って自己表現をしていたという。

福美さんは宮城県の小さな町で生まれ育ち、高校卒業後、仕事で東京に移り住む。小学校高学年の頃、同級生の女の子たちが自分に憧れて近づいてくることがよくあった。憧れられると気分がよかったのを覚えている。でも自分自身はその頃、「男の子が好きだったかもしれない」という。中学生になっても、女の子から好意を伝えられることがしばしばあった。「好きだと言われるとこちらも好きになっていく」感じはどこか心地よかった。しかし、同時に男が好きなはずの自分がそういう気持ちになることは「変なことだ」、「おかしいことだ」という思いもどこかで感じ悩んでいた。一九六〇年代から一九七〇年代、まだまだ性的マイノリティに関する情報を手に入れるのは簡単なことではなかっただろう。ましてや福美さんが生まれ育った町で目にする機会はなかった。

「自分は女の人が好きだ」と思ったのは、東京に出てきてからのことだという。それでも、今から振り返ってみると、「女の人も好きだし、男の人も好きかもしれない」というのが正直な自分の気持ちだった。その気持ちに得体の知れない恐怖心を感じていた。女の人が好きだが、男の人を好きになる部分もある自分――そんな思いを抱く二十代半ば過ぎに「バイセクシュアル」という言葉を知った。その言葉を知ることで、福美さんは「自分はそうなんだ」と自らがマイノリティであることを受け入れるきっかけができた。

バイセクシュアルという言葉

言葉は自分が何者なのかを確かめていくとき、かけがえのない手がかりになることがある。もちろん、それぞれの言葉が帯びているイメージは時に足かせになることもあるかもしれない。性的マイノリティを表現する言葉も、特定の「いかにもそれっぽい」イメージと結び付いてしまっていることがある。特に、「レズ」「ホモ」「おかま」といった言葉には、ひょっとしたら特有のイメージが貼りついてはいないだろうか（これらはいずれも、他者を名指す言葉としては強い侮蔑のニュアンスをもつことが多い言葉である）[1]。世の中が、特にメディアが勝手にステレオタイプを作りあげていることもある。

バイセクシュアルという言葉も、ひょっとしたら何らかのイメージを呼び起こす言葉かもしれない。しかし、福美さんは、その言葉と「自身の生き方を模索していくための手がかり」という形で出会ったのだろう。

バイセクシュアルという言葉について、前章では「恋愛・性愛の対象が同性であることも異性であることもある人」と表現しておいた。

しかし、近年は「二つ以上の性に惹《ひ》かれるあり方、または性に関係なく惹かれるあり方」と説明されることもある。女性と男性の「両方」、同性と異性の「両方」に惹かれるというより、「二つの性別だけに惹かれるのではない」、「複数の性に惹かれるのだ」[2]という捉え方が、当事者たちの実感により即していることもあるからである。

「相手の性に関係なく惹かれる」や「あらゆる（全ての）性に惹かれる」ということを強調するためにパンセクシュアル（pansexual）という言葉も用いられることがある。パンパシフィックやパンアメリカンというときの「パン」で、「全ての」という意味である。「全て」と「複数」とでは、言葉のニュアンスはだいぶ違うだろう。

重要なのは性に関する他の事柄と同様ここでも、本人がどのように自己を理解し、語るかである。自身のあり方についてバイセクシュアルという言葉がしっくりくる人もいれば、パンセクシュアルという言葉がしっくりくる人もいる。そこでは、どのような他者（その人の知り合いのこともあれば、カミングアウトした有名人のこともあるだろう）がどういう風に名乗っているかも参照されることだろう。

もし、「バイセクシュアルとパンセクシュアルをどう区別してよいかわからない」と思った方がいらっしゃったら、なぜ区別しようとしているのかを振り返ってみるとよい。区別自体が自己目的化していたら要注意だ。そうではなくて、自分や他者についてよりよく理解す

1　ただし、その侮蔑のイメージを逆手にとって当事者自身によって使われることもある。この点に関しては、伏見憲明他『「オカマ」は差別か――『週刊金曜日』の「差別表現」事件』（ポット出版、二〇〇二年）が参考になる。

2　ちなみに、同時に複数の他者と（相互の意思に基づき）親密な関係をもつこと、そのような性愛のあり方をポリアモリー（polyamory）という。バイセクシュアルとは異なる概念である。本書一四三頁も参照。

るためだったら、これらの言葉を使っている人の現実の声・思いに触れていくことが大事だ。例えば、バイセクシュアルという言葉が自分にぴったりだと思う人もいれば、「自分をそう表現すると、どっちつかずのいいとこどりだと勘違いする人もいるからためらう」という人もいる。

いずれにせよ、よりよき相互理解という目的とは逆に、単に世の中の人々をどこかにくっきりと分類するために「バイセクシュアルとパンセクシュアルの明確な境界線」を求めているのだとしたら、それは単なる言葉遊びになってしまう。

高校生のときすでに同性とのお付き合いを経験していたなおみさんの話に戻ろう。なおみさんが十五歳のときに父親が再婚する。義母には、早い段階でカミングアウトをしたそうである。「女性が好きなんだ」と言うと、義母は「なおみちゃん、私たちのときもそういうのあったわ。エス[3]とかね。お父さんはわかってくれないだろうね。応援するわよ」と応じてくれた。その後、なおみさんは性的マイノリティに関する情報とどのように出合っていったか。はじめは、実はゲイ男性向けの雑誌だった。その誌面の大半はゲイ向けの記事だったのだが、最後のほうにちょこっとだけ女性向けの情報が載っていたのだという。文通欄もあった。そこを通じてなおみさんは、少しずつレズビアンの仲間たちに出会っていく。

ウーマン・リブの時代

なおみさんや福美さんが高校生になった一九七〇年代はウーマン・リブの時代でもある。『岩波女性学事典』によると、ウーマン・リブとは「性差別撤廃や女性の抑圧からの解放を求める女性運動」のことである（women's liberation movement の略語）。それは女性差別を、「女性の問題」と捉えるのではなく、「男性＝社会が作りあげている状況の問題」と捉える果敢な異議申し立ての運動であった。[4]

なおみさんはその時代の雰囲気を呼吸し、ウーマン・リブの運動を身近なものとして感じていた。同好の友人たちと小冊子を作り、街頭で道行く人たちに配ったこともあったという。なおみさんが記憶しているその内容の中には、「男に頼らず生きよう」、「女がひとりで生きていける社会を」というリブのメッセージもあれば、もっと率直に「女性同士が出会える場所があります」というメッセージもあった。なおみさんは、「きれいなお姉さんだな」と思う

3　女学生同士の親密な関係。赤枝香奈子『近代日本における女同士の親密な関係』（角川学芸出版、二〇一一年）参照。
4　その問題提起の意義と課題を論じるものとして、例えば江原由美子『増補　女性解放という思想』（ちくま学芸文庫、二〇二一年）参照。

人が通るたびにその小冊子を渡していたことを教えてくれた。

　一方、その頃福美さんは、性的マイノリティに関する情報についてアンテナは張っていたつもりだったが、あまり引っかかるものはなかった。女性との出会いは自力で模索していた。いいなと思う女性がいると、多分「ノンケ」だとはわかっていても、慎重に相手のことをうかがいながら、好きな気持ちを伝えることがあった。撃沈することもあれば成就することもあった。

　そんな福美さんは、「今思い返すと自分でも笑ってしまうけど、女が好きになるってことは男にならなきゃいけないのかな」と二十代の頃は思っていたそうである。世の中で「女を好きになるのは男」「男を好きになるのは女」という「常識」が無造作に通用していれば、確かに「女が好きな私は男なのか?」という福美さんのような思いを抱える人も出てくることになる。福美さんの場合は、その頃お付き合いしていた女性と結婚したいという思いがあった。しかし、相手のほうは皆、「私は子どもが欲しいから」と言って福美さんのもとを去っていった。そのこともあって福美さんは「男にならなきゃ」という思い込みが強くなっていったのかもしれないという。もっとも、その後の人生経験の蓄積の中で、「子どもが欲しいから」という「理由」は、説得力(?)のある「別れの常套句」だったのだと気づいたと、福美さんは茶目っ気たっぷりに笑いながら話してくれた。

前章で触れたように、人間の性を捉えるときに、惹かれる相手に関する「性的指向」という言葉と、本人のアイデンティティに関する「性自認」という言葉を今の私たちは手がかりにすることができる。もちろん、「どのような他者に惹かれるか」は「私は何者か」を確かめていくときに（多くの場合）重要な要素だろうが、性的指向と性自認との結びつき方は一つではなく、実に様々であることを確認しておこう。「女が好き」という場合に、「だから私は男である」とは限らないのだ。

様々なカミングアウト

福美さんは、自分のセクシュアリティを両親やきょうだいにはカミングアウトしていない。二十代の頃は、「そんなことを伝えたら人生終わりだ」と思い、悟られないよう頑《かたくな》に、窮屈

5　異性愛者でない者の間で、異性愛者を指すのに使われる俗語（「あの人はノンケだから、声かけたって無駄だよ」といった形で）。自称として使われることは（ジョークの場合を除けば）あまりないであろう。

な思いで過ごしていたという。そんな福美さんも三十代に入ると、徐々に知人に対してカミングアウトするようになっていった。思い返してみると全て女性の知人や隣人である。男性にカミングアウトしてみようと感じたことはなかった。すっと受け入れてくれた人、離れていく人、困ってしまう人等々のいろいろな反応があったそうである。

日頃から多様性は大事だというそぶりを見せていたので、「この人は絶対わかってくれるだろう」と思う相手に言ったら、「それはあなたの嗜好だからわざわざ人に話すことではないわよ。誰にも言わないほうがいい」と言われ、大変ショックを受けたこともある。「人間愛が大事だから、あなたが女の人が好きでも全然かまわない」という人もいた。必死の思いでしたカミングアウトを「全然かまわない」の一言に切り詰めてしまう人の「人間愛」とは、一体どれほどのものなのだろうか。「そんなこと言われても困っちゃう。どうしたらいいの」という人もいた。

その一方で、福美さんとしては「自分の周りの人でこの人は最後まで受け止めてくれないかな」と（今思えば勝手に）認識していた知人の裕子さんにカミングアウトしたときは、次のような言葉が返ってきた。

「苦しかったねぇ。私はそのことに関して全く知識がないの。知っていきたい」

裕子さんは、カミングアウトを受けたその足で最寄りの本屋に行き、関連する本を買ってすぐに「知る」ことを始めた。そして基本的な知識を学びつつ、福美さんに「(今の日本で性的マイノリティとして生きるのは)大変なことだったんだね、よく一人でがまんしてきたね」と伝えてくれた。福美さんは、そのとき非常に嬉しくて心がほぐれたことをよく覚えている。裕子さんは次のようにも言ってくれた。

「福美さんのような人を支える人間になりたい。いろいろなことを教えてね。興味本位ではなく、いろいろなことをちゃんと知っていきたい」

自身は性的マイノリティではないが、性的マイノリティ当事者を応援し、支える人のことをアライ(ally)[6]ということがある。アライとは同盟国、盟友を指す英語である。文字通り、

6 アライという言葉には「本人は性的マイノリティの当事者ではない」という含みがあるが、当事者であるかどうかにかかわらず、誰かが不当に扱われている場に居合わせたときに、きちんと声をあげる人(active bystander〔ここでは、「能動的に居合わせる人」と訳しておこう〕)であることが重要だという考え方もある。
Jackson Katz (2018) Bystander Training as Leadership Training: Notes on the Origins, Philosophy, and Pedagogy of the Mentors in Violence Prevention Model, *Violence Against Women*, vol. 24. no. 15, pp. 1755-1766

共に戦う姿勢を表現するために使われる。そのために重要なことの一つは、きちんと基本的な事柄を知ろうとすることである。裕子さんは、アライという言葉が日本で広く使われるようになるよりもずっと前に、おのずからアライになっていった人だといえる。

後に、福美さんがなおみさんと出会い、一緒に暮らすことになったとき、祝福してくれる友人もいれば、奇異の目で見る知り合いもいる中、裕子さんは福美さんに対して「(なおみさんの)お嫁さんに行くんだね。あの人なら、大丈夫だね。仲よくやるんだよ」と送り出してくれた。

「嫁に行く」というのはいかにも古色蒼然《こしょくそうぜん》とした言葉にも思える。しかも、福美さんとなおみさんでは、どちらかというと福美さんがショートカットでマニッシュないで立ち、なおみさんのほうがロングヘアーでやわらかなスカート姿のことが多いのだ。

しかし、福美さんに同苦してきた裕子さんだからこそのこの「励まし」を、古くさいとなじるのは、単に言葉尻を捉えることになるように思われる。この話を聞いたとき、私の頭に唐突に浮かんできたのは、日本古代史の碩学《せきがく》・義江明子教授の研究だ。「娶」という言葉を、今は「メトル」つまり「男が妻を迎える」(メをトル)という意味で読むが、義江教授は、日本古代の史料においては、「娶」を「メトル」と読まず「ミアウ」と読む可能性もあることを論証している。夫が妻を訪問したり、あるいは妻方に夫婦が暮らしたりする古代日本の婚姻形態を考えると、男性が主体となる「メトル」ではなく、男女双方が主体となる「ミアウ」と読むことができるのである。[7] 裕子さんの「お嫁さんに行くんだね」という言葉も、新しい共同関係を作り始めようとする福美さんへの、精一杯のはなむけだったと解釈したい。言葉としては不器用だったかもしれないが、福美さんとなおみさんの同居を「結婚」として祝福したいという思いがそこからは強く感じられる。

少し脱線してしまったが、なぜこのようなことに触れたかというと、カミングアウトを受けたとき、それに対してどういう言葉を返すべきなのか、どう対応すべきなのかについて、あらかじめ出来合いの正解がある訳ではない、ということを強調したいからである。カミングアウトというのは、その場限りの話ではなく、そこから「する側」と「される側」の関係の編み直しが始まる可能性がある経験である。それは、（する側の賭けも含めた）信頼の表明で

7 義江明子『日本古代系譜様式論』（吉川弘文館、二〇〇〇年）。国立歴史民俗博物館監修・「性差の日本史」展示プロジェクト編『新書版 性差（ジェンダー）の日本史』（集英社、二〇二一年）。

あることは確認しておきたい。その信頼にどう応じるのかというところから「される側」の編み直しの歩みは始まるだろう。

二つの「結婚」と子どもたち

少し時を戻そう。なおみさんは、レズビアンとして周囲の多くの人にカミングアウトしていたが、二十代後半に結婚する。お相手は、「この人なら結婚してもいいかな」と思える男性だった。元々、なおみさんは女性にも男性にもとっても「もてた」。何人もの男性からプロポーズされた経験がある。その中にはなおみさんがレズビアンであることを知っている人もいたそうである。なおみさんが今から回想するに、「自分だったら、なおみが女性を捨てて自分のところに来るだろう」という思惑が彼らにはあったのかもしれない。

なおみさんは夫に、自分のセクシュアリティのことは伝えていなかった。わかっていたかもしれないとは思う。なぜなら、この夫はなおみさんのことを本当に大事にして、尽くしてくれたけど、それは「私（なおみさん）を自分につなぎとめるためだったかもしれないから」。

この夫との間に三人の子どもをもうけ、夫と共に育て上げる。結婚中も、女性への思いはふつふつとあったという。しかし、子どものためにも、夫のためにも、その思いは完全に心の中だけに留めておいた。結婚中は誰かにカミングアウトをすることもなかったという。その夫は十年ほど前に病気で帰らぬ人となった。

夫が亡くなる寸前、その病床の枕元でなおみさんは「パパ、本当にお世話になりました」と心から感謝の思いを伝えた。そのとき、その言葉に応えるかのように、すっと一筋の涙が夫の頬を伝ったことをなおみさんは話してくれた。

なおみさんは一年間、亡き夫の喪に服すると決めた。そして一年後、なおみさんは人生を再スタートすることを決める。子どもたちが巣立っていったこともあり、自分の人生をもう一度やり直してみようと思ったのだ。

そんななおみさんのもとに、共通の友人経由で福美さんが現れる。二〇〇九年の年末のことだった。その頃、福美さんは「一生一緒に歩めるパートナーが欲しい。男でも女でもいい。人として一緒に歩める人を」とずっと祈るような思いを抱えながら暮らしていた。磁石に吸い付けられるように二人は距離を縮めていく。このとき福美さんは四十九歳、なおみさんは五十一歳。二人とも東京近郊の別々の街に住んでいたが、付き合いが深まるにつれ、福美さんはなおみさんから「一緒に住まない？」と言われるようになっていった。福美さんの転職を機に、福美さんがなおみさんのもとへ引っ越し、二人は同居を始める。

福美さんにとって、結婚生活という点ではなおみさんが「先輩」である。恋人同士だった今までと、「これから一生を一緒に生きていこうとする」のではもちろん大きく違う。それから今日までの福美さんの日々は、「お互いの人生を預けたり、背負ったり」することを学ぶ時間だった。「自分は女性が好きだから結婚はできない」と思ってずっと過ごしてきた福美さんが、「結婚」って、こういうことなのかと気づく毎日だった。

なおみさんは、自分の子どもたちにも、「私が死んだら、福美さんと子どもたちで遺産は分けてほしい」と伝えてある。きちんと遺言という形でも残しておくつもりだ。「なおみは先に死ぬ気でいますよ」と茶化す福美さんに、なおみさんは「私のほうがちょっとだけ年齢がお姉さんだからね」と笑って応じる。

なおみさんは、子どもたちのうち、娘さんにはカミングアウトをしている。「パパと結婚したけど、私女性が好きなのよ」と伝えたなおみさんに、ご自身も四人の子どもをもうけている娘さんは「普通のママと違うのかな、女性の人が好きなのかな」とひそかに思っていたことを教えてくれた。そして、自身にも性的マイノリティの友人がいることと共に、母のカミングアウトへの感謝の念を伝えてくれた。なおみさんは二人の息子さんにははっきりとはカミングアウトしていないが、息子さんたちは福美さんが「ママの大切な人」であることは知っている。そして、いろいろとお世話もしてくれる福美さんのことを慕っている。

福美さんにとってなおみさんの三人の子どもたちは、大事な甥っ子、姪っ子という感覚だ。つまり、福美さん自身は彼らの「おばさん」であるように感じている。

福美さんはなおみさんのことを「大親友」として親族に紹介している。弟は「大親友を大事にせいよ。可愛がってもらえよ」と言ってくる。母は「大親友とは離れられないなぁ」という。ひょっとしたらどこかで二人の関係に気づいているのかもしれない、とも思う。

様々な経緯を経て、現在一つの共同生活を築いていっている二人。自分たちの来し方をふり返りつつ、福美さんは、「悩むとは考えることだった」という。「傷ついてしまうこともあるけど、悩むのは大事なこと」。なぜなら、自分の性について悩んだことは、悩んでいる最中はわからなかったけど、人生の一山、二山を越えた後では、大きな果報になったと感じているから。それでも、自分たちより若い当事者たちが「できれば自分の命を落とすほど悩まないでいてくれると嬉しい」というのが二人の思いである。福美さんの言葉を引用しよう。「もちろん手品みたいにぱっとはいかない。時間はかかるかもしれない。それでも、ここ数年、ちょっと得している人生かもと考えるようになったよ」

六十代を迎えたなおみさんと福美さんは、ますます颯爽《さっそう》と、時にはしゃぎ、時にそれをたしなめられ、いまだにやっぱりいろいろと悩みつつ、「人に勇気と希望を与えられたら」という思いから、このインタビューに応じてくださった。

福美さんは、自分が二十〜三十代だった頃に比べれば、性的マイノリティとしての「生きづらさ」「居づらさ」は減ってきていると感じている。それでも、制度の面で、日本にはいまだに同性間の関係を支える法律が全く存在しない。福美さんもなおみさんも同性婚を法制化してほしいと強く考えている。今も現役で働いている二人にとって、医療の場面（医療行為への同意など）でも、社会保障や納税（保険、年金、配偶者控除など）の場面でも、二人の関係に法的な支えがあれば、どんなに安心できるだろう、と。

マスメディアで性的マイノリティが取り上げられることは増えてきたが、特にテレビではまだまだレズビアンやバイセクシュアル女性たちのことはあまり取り上げられない、とも福美さんたちは感じている。もちろん、誤って伝えられては困るけれど、レズビアンやバイセクシュアルについて、勝手なイメージで「決めつけない」社会にもっとなってほしいと思っている。同性愛者だから形が一つという訳ではない。だから性的マイノリティについてレインボーが象徴とされることがあるのだ。なにより、小学校の頃からの学校教育できちんと取り上げていくことは非常に重要な課題であるといえるだろう。現場の教員たちからも、全ての子どもたちが安全に学んでいける環境作りが切実に求められるようになってきている。[8] 現在の学校教育では、性の多様性は必ずしも正面から教育課程に組み込まれていない。心ある教員によって丁寧に「多様な性の尊重」について学ぶことのできる子どももいるが、多数の子どもは性の多様性について教育の中で全く触れることなく社会に出ていく。

インタビューの最後に、なおみさんはこんな風な言葉をぽつりともらしていた。

「世の中は昔と比べると変わってきてるのかな。少しずつ自由になってきている。全く光

8　教育現場への実践的な指針を提示するものとして、例えば葛西真記子編『LGBTQ+の児童・生徒・学生への支援』（誠信書房、二〇一九年）がある。

がない訳ではないよね」

現在の日本社会の現状をきちんと見つめつつ、なおみさんが感じているこの光をどう広げていくか――法制定や法改正の必要性を含め、問われているのはこの社会に暮らす全ての人々であり、とりわけ性的マジョリティの人々である。

第三章

フツーを作る、フツーを超える—トランスジェンダーの生活と意見

不十分ではあっても法律の制定を急ぐべきか、納得できる法案に煮詰まるまで時間を待つべきか。……国会では、南野《のおの》〔知恵子〕、山下〔英利〕、浜四津〔敏子〕、松〔あきら〕の四人が各党議員間の調整に走り回り、看護師・助産師出身の南野が大政党の自民党をまとめるのに腐心し、弁護士の浜四津は各党の権威ある政調会で、じっくりていねいに説明をくりかえした。……野党を含め、各党の代表議員を、ともかくも味方にすることに専念し、なんとか合意をとりつけることができた。参議院の本会議で、全会一致で法案の可決が決まるとき、「男が女になる?」「なんだ！ これは?」と、野次が飛び、議場がざわついたが、

各党の合意ができていたので反対はできないしくみになっていた。

「してやったり。あれは奇襲作戦で、まさに作戦勝ちでした」

南野、山下、浜四津、松は喜びあう。

（谷合規子『性同一性障害――3・11を超えて』、二〇一二年、論創社、二六六頁）

※ここで話題になっているのは、本文で後述の「性同一性障害特例法」のことである。

トランスジェンダーとシスジェンダー

「心の性」という言葉がある。不思議な言葉である。関連して、「身体は女だけど、心は男（あるいは、身体は男だけど、心は女）の人」という表現がされたり、「身体の性と心の性が食い違っている人」という表現がされたりする。「うんうん、聞いたことがある。性同一性障害っていうんでしょ？」と思われた読者もいることだろう。自己理解のために、そしてそれを他者に伝えるために「心の性」という言葉を使うのがしっくりくる人がいる。それを否定すべきでない。

しかし、同時に「心の性」という言い方ではない表現の仕方もあるのだということは知っておいてよいのではないだろうか。性的指向と性自認（ＳＯＧＩ）のうち性自認（ＧＩ）がここに関わってくる。

トランスジェンダーという言葉については、一章で「出生時に登録された性別と異なる性別を生きる人、生きようとする人」と表現しておいた。この言葉の登場は一九六〇年代の米国にさかのぼれるようだが、一九九〇年代になる頃には「性別についての規範や期待」にとらわれない生き方、性別についての様々な変奏（variation）の様子を幅広く包括する言葉として用いられるようになっていく。[1] 略してトランスということもある。

移行のあり方によって、ＦｔＭやＭｔＦという言葉が使われることがある。出生時の登録が「女性」で、本人のアイデンティティが「男性」の場合がＦｔＭ（「Female to Male、女性から男性へ」の略）。出生時の登録が「男性」で、本人のアイデンティティが「女性」の場合がＭｔＦ（Male to Female、男性から女性へ）である。ＦｔＭではなく「トランス男性」という言葉も

1　Susan Stryker（2017）*Transgender History: The Roots of Today's Revolution*〔Revised edition〕, Seal Press.

使われるし、ＭｔＦではなく「トランス女性」という言葉も使われることがある。男女の二分法では表せない様子をＸとして表現することもある。ＸジェンダーやＦｔＸ、ＭｔＸという言葉が使われる。日本語であるＸジェンダーに加えて、ノンバイナリー（nonbinary）やジェンダークィア（genderqueer）[2]という英語に由来する言い方もある。

　これらに対して、出生時に登録された性別と自分の性別に関わるアイデンティティが同じ人、いわば社会のマジョリティを占める人々のことをシスジェンダー（cisgender）という。シス（cis）は「トランス（超えて、向こう側の）」に対して「こちら側の」という意味である。

　日本では、当事者たちが育ててきた「トランスジェンダー」という言葉よりは「性同一性障害」という診断名のほうがより一般に知られてきたかもしれない。現時点であらためて考えてみるならば、出生時に登録された性別と異なる性別を生きようとすることは、それ自体「疾患」であるはずはない。とはいえ、性別を移行しようとするときには様々な医療的なケアが必要となる当事者もいるのは事実である。そこで使われてきたのが「性同一性障害（Gender Identity Disorder）」という診断カテゴリーであった（略語のＧＩＤも、日本では当事者を中心によく使われてきた）。ちなみに、国際的には「障害」という位置づけをやめ、「性別違和

（gender dysphoria）」や「性別不合（gender incongruence）」といった名前への変更が進んでいる。[3]日本のGID学会も、二〇二四年三月に「日本GI（性別不合）学会」へと名称を変更した。病理としては扱わないという方向（脱病理化）に進んでいる訳だが、このことは医療との関係がなくなることを意味する訳ではない。

自分らしさを巡る旅

本章では、性別を「超える」という経験についての私たちの常識を編み直していくために、九州在住のあるトランス男性たくやさんとその女性パートナーしずかさんにお話をうかがうことにしよう。二人とも、前章までのインタビューに応じてくださった方々と同様に筆者の古い友人である。たくやさんは一九七三年生まれ。しずかさんは一九七四年生まれで

2 いずれも「男女の二分法（binary）に当てはまらないこと」を表現するために用いられる。
3 アメリカ精神医学会の最新版マニュアル（DSM-5）では「性別違和」が、世界保健機関（WHO）の最新版の分類（ICD-11）では「性別不合」が使われている。詳細は、針間克己『性別違和・性別不合へ』（緑風出版、二〇一九年）を参照。

ある。

　たくやさんが出生時に登録された性別は女性だった。たくやさんには、五歳上のお兄さんがいる。三歳頃のたくやさんは、同年代の「女の子向け」のアニメ・キャラクターのグッズよりは、兄と同じ戦隊モノ（や仮面ライダー）のグッズを欲しがる子だった。しかし、母親は長女であるたくやさんを「女の子らしく」育てたかったようだ。ことあるごとに「女らしくあるべきだ」と教えられた。でも、たくやさんはともかくやんちゃな子どもだった。小さい頃から同級生の男の子たちと野山を駆け巡る毎日。女の子の格好をした写真もほとんど残っていない。たくやさんは当時の写真を一枚見せてくださった。そこに写っているのは半ズボンをはいた活発そうな男の子だった。

　実はたくやさんが通う小学校には男女指定の制服があったらしいのだが、たくやさんは制服を着て通学した記憶がない。いつも半袖半ズボンの体操服で通っていた。たくやさん自身はずっと後に知ることになるのだが、たくやさんの学校がある地域では、国籍の違い、障害の有無、被差別部落等々について、人権の観点から学習する取り組みが粘り強く進められてきていたという歴史があった。たくやさんが服装に頓着せず通学できたことにも、そのような背景があったのかもしれない。特別な学校行事や、七五三のときに女性の格好をさせられると、たくやさんは泣いて抵抗していた。

たくやさんは、制服だけではなくそれ以外の様々な場面でも決まった枠に収まらない個性的な小学生だった。実は、小学生時代の最初の頃は、宿題を一回もしたことがなかった。宿題は出ていたようなのだが一切覚えがないという。制服は肩にかけて体操服で通学し、勉強も全然できない。いろんな点でこだわりの強い子だった。三年生くらいのとき、母がこのままではまずいと思い立ち、たくやさんにきちんと勉強をさせるようになる。

当時のたくやさんは、「自分が男ではないこと」は重々わかっていた。例えば、「いつかは自分の体におちんちんが生えてくるんだ」と思ったことはない。お兄さんとの身体の構造の違いもはっきりと認識していた。それでも、日々の暮らしの中で、自分らしい振る舞い、世間的には「男の子」と分類されるような振る舞いを伸び伸びとできていたので、小学生時代のたくやさんには「自分の性別の悩み」というものはあまりなかった。

その頃から「可愛いな」と思う相手は女の子だった。ただ、まだこの頃はそれが恋と呼ばれるものなのか、強い友情なのかはわからなかった。ある調査によると、ＧＩＤの当事者が自身の性別への違和感を自覚した年代としては、小学校入学以前が半数を占める。[4] 自分が実感する性別、自分にとってしっくりくる性別が何であるか、もっと硬い言葉で言うなら自分の性別に関わるアイデンティティ（ジェンダー・アイデンティティ、性自認、性同一性）は何かについて、各人がその人生の早い時期から意識していることがわかる。

性自認が出生時に登録された性別と異なるものであるとき、その人の生活は様々な困りごとを抱えることにもなっていく。それだけ今の世の中は性別の男女二分法とシスジェンダーを前提に組み立てられてしまっている。ちなみに、性自認と比べると性的指向については、それが「多数派（異性愛）とは異なるものかもしれない」ことの自覚は、もう少しだけ年齢を経てから自覚されることが多いようである。

選択肢が狭まっていく

たくやさんの場合、転機が訪れたのは、小学校を卒業し中学に入学するときだった。中学の女子用制服であるセーラー服を着なければならないことに強いショックを受けた。そして、急速に自分を閉ざし始めていった。「とにかく目立たないように」という思いがいつも先立った。そうしていないと自分を保つことができなかった。セーラー服をがまんして着て通学していたが、すぐに限界が来た。それからは、体操服で学校に通うようになった。普段の授業だけではなく、式典のときもそうだった。

実は、そんなたくやさんをからかったりいじめたりする同級生たちはいなかった。なぜなら、お兄さんがヤンキーのグループにいたため、他のヤンキーたちがたくやさんのことも「○○さんの妹さんっすか。変わってるけど、まぁこれはこれでいいか」と、何となくの承認(?)を与えたような恰好《かっこう》になっていったからだ。

中学生になると、女の子の友達への恋愛感情をはっきりと自覚するようになっていく。好意を抱いている女の子から「××くんが好きなんだ」という相談を受けることもあったが、何ともいえない焼きもちの感情を感じていた。でも、そんな気持ちを周りに打ち明けることはできず、その女の子のことを「友達として好きなんだ」と思うよう自分に言い聞かせてい

4 中塚幹也『封じ込められた子ども、その心を聴く——性同一性障害の生徒に向き合う』(ふくろう出版、二〇一七年、四九—五〇頁)。

たという。

シスジェンダーの人々の性的指向が多様であるように、トランスジェンダーの人々の性的指向も様々である。たくやさんは異性愛の性的指向を有するトランス男性であるということになる。読者の皆さんと共に念のため確認しておきたい。「女の子が好き」だから「たくやさんは男の子」なのではない。「男の子」であるたくやさんが「好きになるのは女の子」だったということである。トランスジェンダーの人々の中にも、同性愛、異性愛、バイセクシュアル、アセクシュアル（他者に性的な関心がない人）等々の様々な人々がいる。

思春期を迎える年頃になると、たくやさんの身体にも様々な変化が出てきた。特に、胸（乳房）が発達していくことはすごく嫌だった。歩くときも自然と猫背になってなるべく胸が目立たないようにしている自分がいた。変化してしまう自分の身体への違和感は徐々に強まっていく。とにかくそれが嫌で、人には絶対見られたくないという思いがだんだん強くなっていった。体育などの場面での着替えは本当に苦痛だった。部活動は、小学生の頃男子と一緒に励んでいた野球をやりたかったが、中学の頃になると集団のスポーツには気おくれするようになっていった。生活の様々な面で徐々に選択肢が狭まっていくような感覚があった。

一方、その頃のたくやさんは、勉強にはとても熱心に取り組むようになっていた。自分の性のこと、身体のことを忘れようとした訳ではなかったけれど、勉強に意識を集中し力を入れる一方で、自分らしさを閉ざしていくようになっていった。

高校生になると、たくやさんは「女として生きていかなければならない」と覚悟を決めるような思いで、女子の制服（スカート、ブレザー、ブラウスにリボン）を身にまとい通学するようになっていった。

もしかしたら「女らしくすれば」変われるかもしれない、「男性を好きになれば」変われるかもしれないと思い、自分の感覚を「治す」こと、「修正」することを試みた。いってみれば、「自分らしさ」よりも「女性らしさ」を優先することにしたのだ。この頃、たまたま再会した小学校時代の恩師が、たくやさんが別人のように大人しくなっていたことにとても驚いたことがあったという。それほどにたくやさんは自分らしさを封印して生きるようになっていた。トランスジェンダーの当事者自身も、社会で規範とされている「女らしさ・男らしさ」を内面化したり、内面化しようとしたりすることがある。いや、トランスジェンダーの場合、少しでも安全に暮らすために、好むと好まざるとにかかわらず、「らしさ」の内面化を試みざるを得ない状況になることがあるのだといったほうがよいかもしれない。

高校時代について、たくやさんには楽しかった記憶が一切ない。将来の夢も何もなかった。ただただ勉強をしていた。それでも、自分の中のモヤモヤとした思いは募るばかりで、生きていても面白みがなかった。目に映る風景はただひたすらグレーなものだった。誰かを好きになるということもなかった。たとえ好きになりそうなことがあっても気持ちを押し殺していた。学校では、様々な女子生徒のグループのうち特定のグループには属さず、どのグループの子とも話すけれど、誰かに心を開くということはなかった。自分じゃない自分を演じることは楽なことではなかった。かといって、男子のグループにもいけなかった。誰に対しても「自然な振る舞い」ができなくなっていった。どう接してよいかわからないので、頭の中で「フツーならこういう話をするのかなぁ」と想像しながら、一つ一つのコミュニケーションを行っていく感じだった。

そして、進学した大学では、たくやさんはすでに「自分らしく」生きることについて全くあきらめきっていた。「女になりきろう」と決意した。髪を伸ばし女性らしいヘアスタイルにして、女性向けのファッションを身にまとった。彼氏を作ることも試みた。しかし、相手を振り向かせようといろいろ試みてはみたものの、いざ本当に相手が振り向くと、さーっと気持ちが覚める自分に嫌気がさして、彼氏を作る試みは半年余りですぐやめた。髪はあいかわらず長かったが、スカートはやめジーンズにすることが多くなってきた。外から見たらおそらく地味な女子大生という感じだったろうと本人は言う。

この頃、バブルがはじけ社会を経済不況が襲ってきた。たくやさんはアルバイトで学費を稼ぎながら学業を続ける。自分の性を考える余裕はあまりなくなっていった。バイトでは化粧が求められず女性用の制服を着用しなくてもよいものを選んだ。そんな中、たくやさんは法学部生だったこともあり、法律系の資格を取ることを思い立つ。集中的に勉強し在学中に行政書士の資格を取得する。「性同一性障害（ＧＩＤ）」という言葉に出会ったのは、その頃であった。

ＧＩＤという言葉

たくやさんがＧＩＤという言葉に「出会った」のは何気なく開いた週刊誌の記事だった。

それ以前から「ニューハーフ」についての記事、ニュース、テレビ番組は目にしていたが、自分とは関係ないものと感じていた。「ニューハーフ」のいわば「逆」にあたるのが自分かもしれないという発想は微塵も浮かんだことがなかった。

ＧＩＤという言葉を手にすることで、たくやさんの気持ちは一気にすっきりとした。早速、自分がＧＩＤに違いないと母親にカミングアウトする。しかし、母の返事は「あなたのことを娘として産んだ」というそっけないものだった。たくやさんが密かに期待していたのは、「そういう風に産んで悪かったね。一緒にがんばっていこうね」というセリフだったのだが、母からは「あなたが男として生きたいのであれば、男として通用する実績を自分で作っていきなさい。自分の責任で」と突き放すような言葉が返ってきた。期待に反する母の反応に落胆したたくやさんだったが、次第に母はあのとき「茨の道を進むのなら行きなさい。強くなりなさい」と言いたかったのかなと思うようになる。母自身も、たくやさんのカミングアウトを受け、我が子について、そして我が子との関係のあり方について悩み始め、葛藤し始めていく。たくやさんの前ではＧＩＤについて「私はわからない」と繰り返す母だったが、実はＧＩＤに関する情報を調べたり、ニュースを見たりするようになっていったそうだ。

その後、たくやさんは、GIDについて診療を受け付けていた某大学病院に通い始める。GIDの診断を得る過程では、母も病院での面談に来てくれた。それでも、たくやさんが当時付き合い始めていた彼女（しずかさん）を家に連れてくると拒否感を示した。

ここで、たくやさんのパートナーであるしずかさんにもご登場願おう。しずかさんは、シスジェンダー女性である。女子高に通っていたしずかさんの周りには、今から思うと「トランス男性だったのかもしれないな」という先輩がいた。そのような環境で学校生活を送る中でGIDという言葉やトランスジェンダーに関する知識も自ずと知っていったそうだ。実は、ある知人のトランス男性から、近くに別のトランス男性がいるということで紹介を受けたのがたくやさんと知り合うきっかけだった。身近なことを相談しているうちに、親身に自分のことを考えてくれるたくやさんにしずかさんは心惹かれていくようになり、二人は付き合い始める。

しずかさんは小さい頃、自分が住む地域の学校で養護学級（現在は、特別支援学級）によく出入りしていた。様々な障害を生きる同世代の子どもたちと交流しながら育ってきた。また、しずかさんに話をうかがう中で、しずかさんの祖父が炭鉱で働いていて、朝鮮半島出身の労働者の方々とも交流をもっていたことも聞くことができた。祖父は、その労働者たちを家に招いて食事をすることもよくあったそうだ。

後年、しずかさんが自分の両親にたくやさんを会わせたときのこと、まだ性別移行を始めて間もないたくやさんの外見は「ボーイッシュな女性」という感じだったが、しずかさんの両親はたくやさんを歓迎してくれた。両親の中に「しずかにはじいちゃんの生き方・姿勢がいつの間にか受け継がれていたんだな」という思いがあったようだ。

実は、たくやさんが性別適合手術を受けると伝えたときも、しずかさんの両親は「いいじゃないか、たくやくん、そのままで」と止めようとしたという。たくやさんが「いえ、そうおっしゃっても、身体を変えないと、しずかさんと結婚できないんです」と自身の決意を伝えると、しずかさんの両親は「結婚より、たくやくんの身体のほうが大事だ」となおも止めようとしたという。彼らは最後にはたくやさんの決意を受け止め、手術を見守ってくれるようになったが、ここでの「反対」は、たくやさんを親身に心配すればこそのものだっただろう。だからこそ最後は、自立した個人としてのたくやさんの意思決定を温かく支えてくれるようになった。

今出てきた「身体を変えないと、結婚できない」というセリフについて少し説明しよう。日本では、二〇〇三年に「性同一性障害者の性別の取扱いの特例に関する法律」（平成十五年法律一一一号）という法律が制定され、一定の条件を満たせば、自身の法律上の性別を変更することができるようになった[5]（施行は二〇〇四年七月十六日から）。この法律（以下、本章では特例法という）では、知見を有する二人の医師によって「性同一性障害」であるとの診断を得た者は、以下の一号から五号の条件を全て満たせば法律上の性別を変更することができるとされている（同法三条一項）。

一　十八歳以上であること。[6]
二　現に婚姻をしていないこと。
三　現に未成年の子がいないこと。[7]
四　生殖腺がないこと又は生殖腺の機能を永続的に欠く状態にあること。

5　実際には「続柄」欄を変更するということになる。例えば「長女を長男に」、「二男を二女に」といった形である（他にきょうだいがいてもその続柄表記に影響はない）。
6　制定当時は「二十歳以上」であったが、二〇二二年四月から民事上の成年年齢が十八歳になるのに伴い、本号も改正された。
7　制定当時は「現に子がいないこと」だったが、二〇〇八年の法改正で、現在の条文へと要件が緩和された。

五　その身体について他の性別に係る身体の性器に係る部分に近似する外観を備えていること。

特に二号〜五号要件は、当事者に高いハードルを課すものとなっていることに注意しよう。二号要件は、婚姻した状態で一方の当事者が性別を変更すると、同性間での婚姻状態が生じることになり、同性婚を認めていない日本の現状と齟齬《そご》をきたすため、もうけられた条項である。三号要件は、親子関係に関わる家族秩序への混乱や子の福祉への影響が懸念されたためもうけられた[8]。

四号要件、五号要件を満たすためには、原則として性別適合手術が必要となる[9]。当事者の中には自分のアイデンティティに則った性別で生きていこうとするとき、外性器を形成したい者や、元の性別での生殖腺（卵巣や精巣等）を除去したいという者もいれば、そこまでは望まないという者もいる。望んでいても健康上の理由等で手術を受けることは難しいということもある。しかし、特例法は一律に上記の条件を全てクリアすることを求めている。

これらの要件のうち四号要件については、二〇二三年十月に最高裁が憲法一三条（個人の尊重、生命・自由・幸福追求の権利の尊重）に違反すると判断したことにより無効となった。これら特例法に関わる論点についてはまた後ほど触れることにしよう。

性別移行とカミングアウト

たくやさんがやっぱり男として生きていこうと「性別の移行」を決意したとき、今までのたくやさんを知っている人がいない別の街に引っ越して、そこから新たなスタートを切るという選択肢もあった。しかし、たくやさんは母や親族を養っていきたいという強い意志をもっていた。しずかさんのことを母にも理解してもらって、一緒に暮らしていく道を切り開こうと決意するまで時間はかからなかった。たくやさんにとっては、「自分らしさ」を獲得することと「家族を守る」ということが同時進行での目標となっていく。

---

8 「現に未成年の子がいないこと」という文言に改正されてからは、もっぱら未成年の子の福祉に与える影響を考慮しての規定といえる。南野知恵子代表編者『性同一性障害の医療と法：医療・看護・法律・教育・行政関係者が知っておきたい課題と対応』（メディカ出版、二〇一三年）、二二三頁。なお同法については、谷口功一『立法者・性・文明：境界の法哲学』（白水社、二〇二三年）が必読文献である。

9 ただし、五号要件については、典型的な外性器の外観「そのもの」が備わっていなくても「近しい外見」（例えばFtMの場合、ミニペニス）を有することで足りると解釈されている。南野知恵子監修『解説　性同一性障害者性別取扱特例法』（日本加除出版、二〇〇四年）、九四頁。

性別移行を開始した頃たくやさんは、男女別の制服がある職場でアルバイトとして働いて生計を立てていた。ところが、身体のサイズが比較的大きいたくやさんには、「女性用」では入るものがないということで、思いがけない形で「男性用」の制服を着用しての勤務となった。しかし胸元の名札には女性としての名前が書かれたまま。それでもたくやさんは、少しずつ「自分らしく」生きていくための行動を進めていく。

まずは男性ホルモンの投与からである。これにより如実に身体が変わり始めていく。髭や体毛が濃くなり、声も低くなっていく。それに伴い、ごく身近な同僚たちにカミングアウトをしていった。次に、乳房を切除する手術。このとき、運悪くインフルエンザに罹患《りかん》してしまったこともあって、術後の状況があまり思わしくなかったたくやさんは、思い切って、ある上司に自身の性別のことをカミングアウトした。その結果、理解を得て長期休暇を取得することができた。同僚や上司たちにカミングアウトしていく中で、包摂するキャパシティは女性職員のほうが大きかった印象があるという。「へぇ、そうなんだ」とあっけなく受け止めて、守ってくれる同僚たちもいた。それに比べると男性職員のほうは、どうしたらいいかわからないと終始戸惑い気味だった。特に困ったのは、トイレだった。女性用にも男性用にも行けず、「だれでもトイレ」、多目的トイレを利用していた。

「男性」として生きていくことを始めたたくやさんは、そこで自身の身体がいわゆる「男性の身体」ではないという事実をあらためて直視していく。それは絶望感にも近いものだったが、そこで初めてたくやさんは「何が何でも手術をして男性の身体になる」という決意を固めることになった。「身体が変わったら、男性として生きていこう」という形ではなく、「まず男性として生き始めた」ことによって、自分の場合には「身体を変える」ことが必要だと実感する形でたくやさんの性別移行は進んでいった。

名前も変更したたくやさんは二〇一三年の年末に、いよいよ性別適合手術[10]を受けることになった。男性外性器を形成し、子宮卵巣を摘出する。これで、戸籍上の性別を変更するために特例法が定めている要件をクリアしたことになる。手術後、家庭裁判所に申し立てを行い、戸籍上の性別を変更したたくやさんは、ほどなくして、法律上「異性である」しずかさんとの婚姻届けを役場に提出し、二人は法律上も夫婦となる。職場の上司に、性別変更の事

10 かつては（今でも？）「性転換手術」という言葉が使われたが、当事者の実感からすれば「転換」するというより「自己のアイデンティティに、身体を適合させる」手術である。英語では、sex reassignment surgery（性別再指定手術。略してSRS）とも言われる。

実を伝えると、その話は瞬く間にその営業所全体に知れ渡ったという。祝福してくれる同僚もいた一方、大勢は「仕方ない」と受忍する雰囲気だったたという。違う部署の職員たちからは「得体の知れないもの」を見るような視線を感じることもあった。

各人のSOGIに関する個人情報は重要なプライバシー情報であり、本人に無断で第三者に暴露（アウティング）したり、SOGIに関して侮辱的な言動を行ったりすることはハラスメントとなることを確認しておこう。例えば、厚生労働省はいわゆるパワハラ防止法に関する指針において、次の点を明記している。

ハラスメントに該当すると考えられる例

・労働者の性的指向・性自認や病歴、不妊治療等の機微な個人情報について、当該労働者の了解を得ずに他の労働者に暴露すること。

・人格を否定するような言動を行うこと。相手の性的指向・性自認に関する侮辱的な言動を行うことを含む。

（「事業主が職場における優越的な関係を背景とした言動に起因する問題に関して雇用管理上講ずべ

き措置等についての指針」、令和二〔二〇二〇〕年厚生労働省告示第五号）

上司にカミングアウトし様々な交渉をする過程で、たくやさんは以前にも同じ会社でトランスジェンダーである職員への対応が問題になったことがあることを知る。そのときは、「男性職員から女性職員」への移行だったが、残念なことに必ずしも職場の対応はうまく進まず、そのトランス女性は退職することになったという。トランス男性に比べてトランス女性への偏見にはより強いものがあるのかもしれないとたくやさんは言う。一概に言うことはできないが、たしかに男性が女性に移行することにより強い拒否感を示す人々が世の中にはいる。読者の中にもいらっしゃるかもしれない。でも、その「拒否感」を無造作に表出する前に、まずはトランスジェンダーについて、正確な事実を丁寧に知ってほしいと思う。

もっとも、SOGIに関する個人情報がプライバシーであるといっても、性別移行の場合、外見的な変化を伴うものであることが多く、継続的に周囲にいる人々にとっては自ずと「目に見える」ものであることも多いだろう。だとしても、不確かな情報や憶測、偏見に基づいて対応するのではなく、誰もが働きやすい環境であるためにはどうすればよいのかという視点から、個別の事情に応じた丁寧な対応を進めるという姿勢が最も重要である。

先述の通りたくやさんは、今まで住んでいた場所に住み続けながら性別移行する生き方に挑戦した。つまり近所の人々もたくやさんの性別移行が進んでいく様子に触れ合っていたということになる。ご近所さんの中には、ついつい「昔の」女性の名前でたくやさんを呼ぶ人もいた。しかし、いつの間にか「たくや」という名前が定着していった。周りに特にくだくだしく説明したりもしていないが、ご近所さんとして人間同士の付き合いを淡々と続けていく中で、性別移行が周囲にも受容されていった。

たくやさんとしては「周りは理解者ばかりではないだろう」ということは最初から承知の上だった。人によっては腫れ物に触るような感じの人も、遠巻きにして引いて見ている感じの人もいた。それでも、少しずつ仕事を着実にこなし、支えてくれる人たちとの人格的なつながりを培っていく中で、徐々に周りを味方にしていくことができた。周りに味方がいることはたくやさんの自尊感情を高めていく。

トランスするという経験

前例のない、何が正解かもわからない移行の道のりだった。しかし、四十代後半を迎えた今、たくやさんは、やっと小学校時代に感じていたような自分らしさを気兼ねなく出して暮らしていけるようになったことを実感している。それは「男になった・男になれた」というよりは「自分らしくいられるようになった」という感覚だという。

それに伴って、中学から性別移行を始めるまでの間の時期、「自分らしさ」を閉じ込めていた時期について、たくやさんは「忘れてしまっている」ことが多いそうだ。現在、たくやさんは大学時代に取得した資格を活かし、行政書士として事務所を構え働いている。もうこの頃はあえてカミングアウトすることもなくなってきた。その必要性もあまりないからだ。かといって、実は「知られたくない」という気持ちもない。「僕は女性として生まれたけど、今はこうして自分らしく暮らしている」と自信をもって言える。この点は、トランスジェンダー当事者によってもあり方は本当に様々だろう。かつての人間関係を一切遮断して、新たな場所で新たな人生に挑戦する者もいれば、かつての人間関係の上に重ね書きをするように移行後の生活を築いていく者もいる。しかし、どちらにせよ「移行途中」の段階において、自己の性別について無遠慮に詮索されることは、当事者にとってとてもキツイものだ。「お前はどちらの性別なのだ？」という世間の視線や言動（そして時には当事者自身の内なる声）が当事者を苦しめる。

たくやさんの移行を支えながら共に進んできたしずかさんは、世の中が少しずつ包摂的になってきているとも感じている。「男らしさ」や「女らしさ」を無批判に強要する風潮も、特に若い世代を中心に薄れてきている。小学校の教員をするしずかさんは生徒たちの変化を日々肌で感じている。今の社会が以前よりも性的マイノリティにとって生きやすい世の中になっているのだとしたら、それは自分たちよりも前の世代の当事者たちが「戦ってきてくれたおかげ」であることをしずかさんもたくやさんも強調する。

たくやさんが大学生だった頃はまだまだトランスジェンダーについての情報も入手するのが難しい時代だった。今はインターネットの発達に伴い、様々な情報を手にすることはできる。しかし、それは根拠のないものや偏見に満ちたものだったりもするのだが。

たくやさんの場合は、ＧＩＤという言葉を知ったことをきっかけに、いろいろと必死に調べて虎井まさ衛さん[11]が発行していたミニコミ誌『FTM日本』にたどりつき、そこから様々な情報を得始めた。当事者のコミュニティも少しずつ広がり始めていた。今、より若い世代の当事者から相談を受けるようになったたくやさんは、「原則として、あわてる必要はない」と伝えることを大事にしている。「性別を変えることだけが解決ではない」ということも。そして、「身体さえ変えればバラ色の人生が開けるということもないのだ」と。「身体を変えれば望む性で生きていける」ということでもないことをたくやさんはつくづく感じている。当事者によって事情は様々だが、例えば性別適合手術を受けるかどうかも、時間をかけて探っていってよいと考えている。大事なのは、「自分は男だ（あるいは女だ）」という既成概念に無理に当てはめないこと。このことは、シスジェンダーの人々にとっても重要な問いとして浮かび上がってくるものだろう。

たくやさんには、「女性の気持ちもわかるんでしょ？」と安易な質問が投げかけられることもある。その問いへのたくやさんの答えは「わかりません」である。とはいっても、「出生

11　虎井さんは日本において、トランスジェンダー当事者として社会的発信を行ってきた先駆者の一人である。著書に『女から男になったワタシ』（青弓社、一九九六年）等がある。

時から男性として生きてきた人」に比べれば、たくやさんには「女性として（とりわけ長女として）教育を受けてきた」という経験がある。その経験値からシスジェンダーの人にはできない推測ができるということはある。マイノリティの人々が必要に迫られて蓄積してきた知恵から、マジョリティはきっと多くを学ぶことができるはずだ。

たくやさんが繰り返していたのが「手術は変身スイッチじゃないよ」というフレーズである。そして、周囲が受け入れてくれると甘い期待も抱かないほうがよいかもしれない、と。たくやさんにとっては、場面場面で温かい励ましに支えられてきたのが自分の移行の旅路だった。でも励ましを求めてしまうと、かえってつらくなるかもしれないという。大事なのは、まずトランスジェンダーの日常をきちんと知ってもらうこと。今回、たくやさんとしずかさんがインタビューに応じてくださったのも、その思いがあるからだ。

たくやさんの場合は、自分にとって戸籍上の性別も変更して男性として働くということがとても重要だったので、性別適合手術を受けるという道を歩むことにした。でも、もし特例法に生殖能力喪失・外性器形成に関わる要件がなかったら、「手術は受けなかったかもしれない」という。外性器は普段の生活で他人に見えるものではないし、胸は取ったものの、胸以外の点では自分の元々の身体にそれほどの違和感はなかったからだ。このことは、あらためて現在の特例法の要件の妥当性について、真剣な再考が必要であることを実感させる。全ての人が各人の性自認に沿った社会生活を自分らしく生きていける社会。この理念から出発するとき、法律上の性別の変更条件はどのようなものであるべきなのか。現在の特例法の要件もこの観点から丁寧に検討していく必要がある。

少数意見の知恵

特例法の「生殖能力喪失」要件（四号要件）について、かつて最高裁判所は合憲との判断を下していた（平成三十一〔二〇一九〕年一月二十三日最高裁判所第二小法廷決定、『判例タイムズ』一四六三号七四頁）。第二小法廷の多数意見は、生殖腺除去手術を望まない当事者にとって、特例法の要件が「その意思に反して身体への侵襲を受けない自由を制約する面もある」ことは認めている。しかし、親子関係等に関わる社会の混乱や急激な変化を避ける配慮などが立法の背景にはあり、「現在の社会的状況等を総合的に較量《きょうりょう》すると、本件規定は、現時点では、憲法一三条、一四条一項に違反するものとはいえない」とした。ただし、その中に鬼丸かおる裁判官と三浦守裁判官による次のような補足意見があったことが注目される。

> 本件規定は、現時点では、憲法一三条に違反するとまではいえないものの、その疑いが生じていることは否定できない。……性同一性障害者の性別に関する苦痛は、性自認の多様性を包容すべき社会の側の問題でもある。その意味で、本件規定に関する問題を含め、性同一性障害者を取り巻く様々な問題について、更に広く理解が深まるとともに、一人ひとりの人格と個性の尊重という観点から各所において適切な対応がされることを望むものである。

また、合憲と判断した多数意見も、「現時点では」違憲とまではいえないが、「このような規定の憲法適合性については不断の検討を要するものというべき」と付言していた。その意味では、二〇一九年決定の先例としての効力はそれほど強いものではなかった。[12]

そしてこの決定から四年後となる二〇二三年、最高裁は自らこの「不断の検討」という言葉を実行に移す。再度、特例法の四号要件の合憲性が問われた事案において、最高裁大法廷は、二〇一九年の合憲判断を覆し、四号要件が憲法一三条に違反して無効であると判断したのだ[13]（令和五〔二〇二三〕年十月二十五日最高裁判所大法廷決定、『裁判所時報』一八二六号三七頁）。最高裁は、特例法制定当時とは性同一性障害に対する治療のあり方が大きく変わったことを指摘している。具体的には、性別適合手術の必要性が人によって様々であるという当事者の実像を踏まえ、治療ガイドライン[14]において各当事者がどのような身体的治療をどのような順序でも選択できることになった点が強調される。また、国際的にも、法的性別変更の際に生殖能力喪失を要件としない国も相当数にのぼっていることが確認される。

　であるならば、生殖能力喪失要件は、「治療としては生殖腺除去手術を要しない性同一性障害者」に対し、「生殖腺除去手術を受けることを甘受する」か「性自認に従った法令上の性

12　上田健介「性同一性障害者特例法による性別変更の生殖腺除去要件の合憲性」、『法学教室』四六四号一一七頁、二〇一九年。

13　合わせて問題となっていた五号要件の合憲性については、高裁が判断を示していなかったため、最高裁の判断は示されず、高裁に差し戻された。

14　日本精神神経学会・性同一性障害に関する委員会「性同一性障害に関する診断と治療のガイドライン」 https://www.jspn.or.jp/modules/advocacy/index.php?content_id=23

別の取扱いを受けるという重要な法的利益を放棄」するかという「過酷な二者択一」を迫るものになっていると最高裁は指摘する。ゆえに、本件規定による制約は、その必要性が低減していること、過剰な制約を課す重大なものとなっていることなどを総合較量すると、必要かつ合理的なものとはいえず、憲法一三条に違反するというのがこの最高裁決定の結論である。

最高裁があえて違憲判断に踏み切ったのは、二〇一九年合憲決定における補足意見が、違憲の可能性について警鐘を鳴らし、国会に問いを投げかけていたのにもかかわらず、国会は動かなかったという経緯を重く見てのことなのかもしれない。[15]二〇一九年に「現時点では」合憲だった要件が、二〇二三年には「現時点において」違憲となったのである。「このような規定の憲法適合性については不断の検討を要するものというべき」との二〇一九年合憲決定の言葉を最高裁は果敢に実践したともいえよう。[16]

同じく特例法の「現に未成年の子がいないこと」という要件（三号要件）についても、最高裁は今のところ合憲判断を下しているが、宇賀克也裁判官によって次のような非常に示唆的な反対意見が出されている。

……三号要件を設ける際に根拠とされた、子に心理的な混乱や不安などをもたらしたり、親子関係に影響を及ぼしたりしかねないという説明は、漠然とした観念的な懸念にとどまるのではないかという疑問が拭えない。実際、三号要件のような制限を設けている立法例は現時点で我が国以外には見当たらない……他方で、親の外観上の性別と戸籍上の性別の不一致により、親が就職できないなど不安定な生活を強いられることがあり、その場合には、三号要件により戸籍上の性別の変更を制限することが、かえって未成年の子の福祉を害するのではないかと思われる。……特例法三条一項三号の規定は、人がその性別の実態とは異なる法律上の地位に置かれることなく自己同一性を保持する権利を侵害するものとして、憲法一三条に違反すると考える。（令和三〔二〇二一〕年十一月三十日最高裁判所第三小法廷決定、『判例タイムズ』一四九五号八三頁）

15　三浦守裁判官は、二〇二三年決定における個別意見のなかで「平成三一年決定は、本件規定の憲法適合性については不断の検討を要する旨を指摘した。しかし、その後を含め、上記改正以来一五年以上にわたり、本件規定等に関し必要な検討が行われた上でこれらが改められることはなかった」と言及している。

16　本件大法廷決定については、拙稿「社会の中の性別と法的性別――令和五〔二〇二三〕年一〇月二五日最高裁大法廷決定に寄せて」、有斐閣Onlineロージャーナル（記事ID: L2402006、二〇二四年）で簡単に検討した。

日本国憲法一三条の理念である「個人」の尊重に向けて、国会は早急に法制度のさらなる整備を行う必要があろう。ここでも、第一部の今までの論旨と同様に、問われているのはマジョリティの責任である。海外でも日本でも近年、トランスジェンダー当事者に対する根拠のない攻撃、偏見に基づく悪魔化がSNSを中心に強まる兆候も見られる。[17] たくやさんは若いトランスジェンダー（かもしれない子）たちへの影響を懸念している。「取り返しのつかないことにだけはなってほしくない」。

トランスジェンダーが生きていくための場が少しずつ広がってきたのは事実である。それでも、自分の（法的な性別変更後の場合は）「過去の法的性別」、あるいは（法的な性別未変更の場合は）「現在の法的性別」を知られたくないということから、社会的なアクセスを躊躇《ちゅうちょ》することはしばしば起きている。インタビューの過程で、たくやさんたちと私の共通の知人であったあるトランス男性が少し前に病気で亡くなったことを知った。身体の不調に気づいても、なかなか医療機関を受診できなかったようだ。いよいよ状態が悪化してお医者さんにアクセスしたときには、もうすでに手の施しようがなくなっていたとのことである。

たくやさんは言う。「手術しても、戸籍を変えても、出生時に女性として登録されるところから人生が始まったという事実がなくなることはない」。でも、「段々と言わなくてよくなっていく」――たくやさんの印象的な表現によると性別移行が進むにつれ、「カミングアウトする段階は後に後に先送りされていく」。移行を始めた当初は、最初の段階でカミングアウトすることで様々な対応を求めていくことが多かったが、性別移行を終えた今ではよほど立ち入った場面でない限り「カミングアウトする必要はない」。その点で、医療機関では現在でもどうしても伝える必要が出てくることがある。健康を維持するために一生涯ホルモンの投与も続けていく必要がある。それは、医療機関に携わる人々の側にとっても、利用者は「シスジェンダーで異性愛の人だけではない」ことを銘記して行動していくことがとても大事になってきているということである。

たくやさんとしずかさんにとって今後の新たな挑戦の舞台は、これからの「人生の後半戦」

17 それらの攻撃・偏見に対抗する発信も丹念に続けられている。例えば、現に私たちの社会で共に暮らしているトランスジェンダーの姿を伝える冊子として、『トランスジェンダーのリアル』(「トランスジェンダーのリアル」製作委員会、二〇二一年)がある。公共施設や教育機関向けに無料配布を行っている他、プロジェクトへの寄付者はPDFデータで読むことができる。詳細は下記サイトを参照。(無料冊子「トランスジェンダーのリアル」を広めよう:https://tgbooklet.wordpress.com/)

である。しずかさんは、「マイノリティの家族にはなかなか光があたらないが、活き活きと暮らしている人がいることを伝えたい」ということが、インタビューに応じてくださった一つの大きな動機だったと教えてくれた。たくやさんと暮らすことで、しずかさんは妊娠・出産という経験をしない人生を生きてきた。やっぱり子どもが欲しかったと涙が出てくることもある。でも、世の中には様々な形で生殖補助医療を利用して子をさずかる人もいれば、トランスジェンダーかシスジェンダーかにかかわらず子をもうけずに暮らしていく人もいる。しずかさんにとってたくやさんとの暮らしは、そのように一つ一つ「フツーの暮らし」って何なのかを考えながら生きてきた過程だった。その中でしずかさんは「結婚したら子どもができるのは当たり前のことではなかった」と気づく。これからは、自分たちの親の老い、そして自分たち自身の老いが少しずつ課題として登場してくる。きっといろいろな課題が出てくることだろう。でも、たくやさんとしずかさんには、それを相談できる周囲の人たちがいる。親や親族との関係も丁寧に編み直してきた。何よりたくやさんとしずかさんはお互いが家族であるという事実を丹念に形作ってきた。

二人は、ひょっとしたら、シスジェンダーの人々が抱えている様々な生活の悩みと共通するものもたくさんあったのかもしれないと今では思う。でも「何が問題かわからない」というのが一番大変だった。だからこそ、「性同一性障害」や「トランスジェンダー」という言葉に「出会えた」ことは大きかった。現在では、トランスジェンダーに関わる情報も探そうと思えばたくさんのものが入手可能である。その分、取捨選択も重要になってきている。たくやさんが強調するのは、「自分を大事にすること」「自分を大事にしていい」というメッセージが当事者に伝わることの重要性である。そのためには、様々な形で良質な情報が、メディアや教育を通じて共有されていく必要があるし、人々の意識だけではなく、社会制度もより包摂的なものに変わっていく必要がある。とりわけ、特例法のあり方については、先述の最高裁判事の「少数意見」を無視することはできない。少数であっても筋が通った見解であるならば、それに耳を傾けるのが国会の責務であろう。国会議員の、（そして国会議員を選出し監視する役割を負う）市民たちの良識が問われている。

第四章　社会の障壁を越える旅――ゆっくり急ぐ

日本では、あまりにも概念だけが独り歩きをする。概念は簡単に流行語のようになって、「セクシュアリティー」ということになったら、それはもうただ「セクシュアリティーだ」で、それだけがナダレのように押し寄せて来る。押し寄せて迫って来て、そしてそれは流行だから、時がたてば忘れられてしまう。だったら、そんな概念にはなんの意味もないと、私は思う。はやりすたりのある〝概念〟なんかよりも、「常にある〝なんだか分からないもの〟」という留保の方が、私にはとっても重要のように思われる。

（橋本治『ぬえの名前』、岩波書店、一九九三年、二九四頁）

二分法をトランスする

生まれたときに登録された性別とは異なる性別を、生きる人、生きようとする人、表現する人。そのことをトランスジェンダーという言葉で表現することがある。前章は、たくやさんという友人にトランスの経験を聞きに行ったのだった。今回も、私はもう一人大事な友人に会いに行くことにした。トランスに関わる話にまた別の角度からじっくりと耳を傾けてみたいと思ったのである。

もちろん、十人のトランスジェンダーがいれば、十人の異なった人生が浮かび上がってくるに違いない。とはいっても、それらはおそらく全く個々別々のものということもなく、重なり合う部分ももつだろう。現在の社会が女性集団と男性集団について様々な格差[1]や不平等を含みもっており、女性らしさと男性らしさが一人一人の生き方にいまだ大きな影響を及

---

1 二点だけ二〇二一(令和三)年のデータをあげておこう。第一に、一般労働者の男女間賃金格差は男性一〇〇とすると女性七五・二である(厚生労働省『令和三年賃金構造基本統計調査の概況』)。第二に、家事関連時間は一日あたり女性三時間二十四分に対し、男性五十一分である。(総務省『令和三年社会生活基本調査：生活時間及び生活行動に関する結果』)

ぼすことも多い以上、トランスの経験には、登録された出発点が女性か男性か、移行の方向性が男性か女性か、あるいはそれ以外かによって左右される部分も大きい。

男女平等、あるいは男女共同参画というテーマは、多様な性の尊重という課題と地続きである。もちろん単純に並べるといろいろなものが見失われるし、「男女」の平等というアプローチは男女の二分法で捉え難い問題をぼやけさせてしまう可能性に注意すべきだ。かといって、「男女平等の話はもういいから、ＬＧＢＴＱの話を！」といった、新し物好きでは、重要なものが抜け落ちてしまう。多様な性の尊重を考えるときには、常に、男女平等という古くて新しい論点との共鳴や緊張を意識しておきたい。

トランス男性の話の次に、今度はトランス女性の話もつづった……本書の叙述の流れはそのように見えてしまうかもしれない。しかし、筆者からすればそれは誤解であると弁明したい。トランスジェンダーという言葉に向き合うとき、性別に関するアイデンティティ（自分自身をどう実感し、どう把握し、どう生きるか）の話が、男女の二分法で済むと想定すること自体が疑わしくなる。

典型的な「男性性」や「女性性」を求めたり表現したりするトランスジェンダー当事者がい

たとして、その生き方を非難しようとする人が万が一いたら、こうお伝えしたい。性急に非難する前に、この社会では、どのような性のあり方が許容されているのかにまず目を向けていく必要はないでしょうか、と。今、この世の中では、どのような生き方の幅が可能で、どのような表現の可能性が保障されているだろうか。トランスジェンダーであれ、シスジェンダーであれ、それは十分な広さをもっているだろうか。

今回お話をうかがった美奈さんが、生まれときに登録された性別は男性だった。それでも、もう五歳になるかならないかくらいから、美奈さんは「自分は男の子だろうか」という違和感を覚え始めたという。五十歳を迎えた美奈さんは女性として暮らし、働いている。その美奈さんの経験を、前章のたくやさんの経験を思い出しながら、聞いていただければ幸いである。

2 政府による英訳では、こちらもgender equality（ジェンダー平等）とされることが多い。例えば、男女共同参画社会基本法（平成十一年法律七八号）は、Basic Act for Gender Equal Society (Act No. 78 of 1999) と訳されている。

障害と共に生きる

中国地方のある都市に生まれた美奈さんは、一歳の頃、脊髄の病気を発症した。四十度の高熱が続き、いくつかの病院で手当てが試みられるが好転せず、結局、ある大きな病院で手術を受けることで一命をとりとめた。手術後、親には医師から「一生寝たきりですね」との告知があったが、入院中の美奈さんは自分でベッドの手すりや脚をつかみながら立とうと試みていたそうだ。その闘志のおかげか、一年が経った頃には、足をひきずりながらも歩けるようになった。

幼稚園に入る頃には、足の障害をもって生きる自分が他人とは違うということに気づく。でも、周りの友人たち（女友達のほうが多かった）と美奈さんは互いを尊重し合いながら幼稚園生活を送っていく。遠足のとき、美奈さんには親が付き添った。運動会のときには、周りより遅くてもいいから競技に参加させるというのが親の方針だった。

美奈さんには直腸膀胱障害があり、物心ついた頃からトイレは座ってしていた。だから、トイレのときに自身の性別について違和を感じるということもなかったそうである。

小学校にあがるとき、養護学級（現在は、特別支援学級）に行くかそれとも「普通」学級に行くかという選択の問題が出てくる。美奈さんの親は普通学級に行かせる道を選んだ。学校側もその決定をサポートしてくれることになる。

小学校五年生になる頃には、自身が男として扱われることに強い違和感を覚えるようになっていた。美奈さんには妹が二人いる。小さい頃から、妹の服を着たり、幼なじみの女の子と一緒に遊んだりするのは当たり前だった。それが「普通」だと思っていた。

その「普通」が、学校にあがると、周りの男の子たちにからかわれるようになった。「足が悪い」自分にとって、周りの男の子たちと同じような運動も難しかった。そんなとき、小さい頃から一緒に遊んできた女の子たちとの関係性が美奈さんを支えていく。「周りに恵まれたんよ」と美奈さんは述懐する。幼稚園からずっと過ごしてきた子たちは皆、優しかった。ある友達がよくこう言ってくれたのを覚えている。

「カバン、そこまで持っちゃろう」

中学校にあがると制服があった。公立学校だったが、男子の制服は学ランで、軍隊のようだと思ったことを覚えている。当時はブレザー型の制服もほとんどなかった。制服を選択できるという仕組みは想像すらできなかった。学ランなんか着たくなかった美奈さんは、女子生徒のセーラー服に憧れた。まだまだ課題も多い日本の学校だが、それでも、いろいろな人々の地道な実践の積み重ねで、現在では制服選択制を導入するところも増えてきている。

小学校よりも広い地域から生徒たちが集まってくる中学校では、いじめがあった。そんなとき、幼稚園からの幼馴染の同級生たちが守ってくれた。彼らは同郷の友人がいじめられているのを、見て見ぬふりはしなかった。

中学時代になっても、自身の性別に関する思いは一切明かさず隠していた。部活動は剣道部に所属することになった。着替える際に、身体が見られるのが嫌で、下着のTシャツは脱がずに胴着を付けていた。なぜ剣道部だったかというと二つの訳がある。一つは、袴を着用すれば、足が人目に触れることがないから。自分の足がそのまま露出するのは避けたかった。もう一つは、剣道部では男女一緒で稽古を行うから。そこでは、ことさらに男女が区別されることはなかった。

剣道部の一年生「男子」はみな坊主頭にすることになっていた。ご丁寧に一ミリメートルに切り揃えるのが決まりだった。美奈さんは最後まで抵抗したが、結局抗《あらが》いきれず頭髪を切られてしまった（それでも二ミリメートルのところで止めてもらった）。これ以外にも様々なおかしなルールがまかり通っていた。近年、理不尽な校則への疑問の声も大きくなってきているが、まだまだ状況が大幅に改善したとはいえないかもしれない。学校が理不尽な校則に生徒を一方的に従わせる空間である限り、その社会の民主主義は甚だ心もとないものであるだろう。これはもちろん「女らしさ／男らしさ」に関わる校則に限った話ではない。

学校生活ではプールの時間が嫌だった。それでも仕方がないと思ってあきらめていた。性別についての知識もなかったし、インターネットもまだ一般化していなかったから、調べようにもその手段がわからなかった。

テレビで見た当事者

その「知識」は意外なところから現れた。テレビ番組『笑っていいとも！』（フジテレビ系列）で、ミスター・レディー[3]が登場する企画を目にしたのである。一九八八年頃のことだった。

3　言葉としては、「先行して用いられていたニューハーフとまったく同義と考えてよい」（井上章一他『性の用語集』、講談社現代新書、二〇〇四年、一九七頁（三橋順子執筆））。ニューハーフについては次注を参照。

ニューハーフ[4]という言葉もそのとき初めて聞いた。「性別って移行できるんだ」という驚きがあった。ホルモンの投与や手術による身体の変化が可能であることも知り、自分でも「こうなれるかも」と思った。

とはいえ、そのとき美奈さんはまだ高校生。男子校に通っていた。今から振り返ってみると共学に行っておけばよかったと思うこともある。しかし、当時の自分にとっては、共学校だと逆に、いろいろな場面で女子と男子が区別されることがつらかったはずだとも思う。ちなみに、男子校は名前に「男子」とはつかないので、ちょっと地域が違えば高校の名前だけで「男子校」だとわかることはあまりない。これに対して、女子高は校名だけで女子校とわかることも多く、「〔トランス男性の出身校の場合は〕大変だと思う」とは美奈さんのつぶやきである。

学校生活はストレスの多いものだった。特に嫌だったのが、体育などでの着替えの場面だった。自己の身体が他人の目にさらされるのは苦痛だった。高校のときもやはり頭髪の規則はとても厳しく、規定の長さより少しでも長ければ、学校最寄りの理髪店に直行して切り揃えられることになっていた。その一方で、学校生活はストレスばかりという訳ではなく、生徒たちには実にいろんな人たちがいて楽しかった。恋愛についても、女の子を追い回している子もいれば、全く興味のない人もいた。そして、「この人、多分、男の人が好きなんだろうな」と推察できる同級生もいた。自分自身の性別に関する思いを隠していた美奈さんには、その同級生も、「隠しているんだろうな」ということが直感でわかった。例えば、同級生を見つめるときのまなざしのあり方や、何気ないボディタッチの様子からである。自分自身はといえば、男の人を見つめることはなかったし、見られるのも嫌だった。

高校を卒業すると、最初は金融機関に就職した。そこはきっちりスーツにネクタイの着用が求められる職場だった。そんな中、高校時代に遭遇した「ミスター・レディ」という言葉を思い起こした美奈さんは大きな目標を抱くようになる。自分の思いは、ずっと我慢して隠して生きていかなければならないと思っていたけれど、我慢するのはやめることにした。時間はかかっても、自分が自分らしく生きられる道を切り開いていこうと決意した。

---

4 「女装した男性であること、あるいは『性転換』した元男性であることを特性のひとつとして、接客業（ホステス）、ショービジネス（ダンサー）、性風俗産業（セックスワーカー）などに従事している人たちを指す呼称」であり、職業カテゴリーないし職能集団として捉えるのが実態に即している（前掲書一九二―一九三頁）。

美奈さんは、まず服装も含めより自由度の高い職場の事務員に転職した。徐々に伸ばし始めた髪はやがて肩に届くくらいになる。上司には小言を言われたが、絶対に切らなかった。そして、将来の性別適合手術のためにお金を貯めようと一生懸命働いた。その頃、ニューハーフが接客する地元の飲み屋にも行ってみた。『笑っていいとも!』などをきっかけに、当時のテレビでは、ニューハーフを「面白おかしく」扱う番組がいくつか放映されていた。そのうちの一つに出演していたニューハーフの方は、美奈さんの地元に近い地域の人だった。番組では所属店名も表示されていたので、美奈さんは早速行ってみることにした。ただのお客さんというよりは、自分のことを相談するつもりで。

そのときの美奈さんの容姿は髪型も含めまだ典型的な「男性」だったが、こちらがカミングアウトするより前に、そのお店のニューハーフさんから「あんたはこっちの人間じゃろ?」と先制パンチがあった。真摯に相談を聞いてくれたその人は、「もし真剣に女性に移行する気があるなら、教えてあげる」と言って、女性ホルモンの投与を受けられる地元の病院を教えてくれた。

当時の美奈さんは親元で暮らしていたが、二十四歳になった頃一人暮らしを始め、プライベートな時間は、女性の服装で出かけることも多くなってきた。そして、二十七歳になるかならないかという頃、「性同一性障害（ＧＩＤ）」という言葉に「出会う」。日本では「公認の医療」としては行われてこなかった「性別適合手術」を、埼玉医科大学が初めて行ったのが一九九八年のこと。それは大きなニュースになっていた。

移行期間の設定

その後二十九歳のとき、美奈さんは仕事をやめ、職業訓練校に入学する。このときホルモン投与を開始する。それは、いわば「非公式」の自由診療としてであった。[5] すでに髪を伸ばし始めていた美奈さんは、訓練校にいる二年間を「社会的に女性として見られるようになる移行期間」に設定することにした。公衆トイレにせよ、その他のいろいろな場面にせよ、最初から「女性として受け入れられる」ことにこだわるのではなく、徐々に移行することにし

5　それが「非公式」であることを捉えて、当事者や医師を非難するのは全くの筋違いであろう。当事者の切実な思いがあり、それに応じていた医師たちが少数とはいえ様々な地域にいたということである。

た。ホルモンと日々の試行錯誤によって、見た目も少しずつ女性的なものに変化していった。

そして、「公式ルート」で国内での手術を受けるために、GID診療を開始した某大学病院を受診することにした。地元から最も近いその病院ですら、新幹線でなければアクセスは難しかった。現在の日本でも、トランスジェンダーの当事者のうち、医療的ケアを求める人が適切な医療機関に巡りあうことはまだまだ容易なことではない。

手術をするために苦労はいとわず「治療」に臨む気持ちは強かったが、その大学病院の精神科医の問診は非常に形式的で、一定のチェック項目を流れ作業で確認するものにすぎないように感じられた。この医者に自分の様々な悩みを話しても意味がないと思い、手術に至るためのプロセスと割り切って問診に応じていった。GIDで受診しているのに、病院のトイレは「男子トイレ」に行けと言われる。開始当初のGID診療はそんな様子で病院側も試行錯誤の繰り返しだった。

手術へのプロセスを進んで行くうち二年間がすぎ、美奈さんは訓練校の卒業を迎える。卒業後の進路は、女性として事務員の仕事を勝ち取ることができた。当時はまだ出生時の男性の名前だった美奈さんは、就職の面接の際、履歴書に「美奈」という女性名も書き添えた。

面接の際に説明すると、先方は驚いていたようだったが、ここで美奈さんが自分に設定した「移行期間」が活きてくる。急ぎすぎず徐々に移行してきた美奈さんの様子は「地に足の着いた」ものだった。女性として、女子制服を着て、女子更衣室を使用しての勤務が始まる。戸籍上の名前も「美奈」に変更した。[6]会社での使用実績というのは裁判所に対しても大きな説得力があった。

もちろん、移行のあり方に一つの正解はないが、美奈さんは「急ぎすぎず、徐々に」という方針が自分にあっていたと感じている。もちろん、一刻でも早く移行したいという当事者の気持ちは美奈さんにも痛いほどわかる。それでも、「今すぐ変わりたい」という思いをそのまま表に出すのは、うまくいかないことが多いと思うのだ。

訓練校での二年間の移行期間の終盤には、女友達と遊んでいて美奈さんが男子トイレ（もちろん個室）に入ろうとすると、「あんた、〈男子トイレに入ったら〉危ないけえ、女子トイレに入りんさい！」と言われるようになっていた。トランス女性の公衆トイレ利用というのは、

6　戸籍法一〇七条の二により、「正当な事由」があれば、家庭裁判所の許可を得ることで、名を変更することができる。性別変更の手続きとは独立した別の制度である。

時にセンセーショナルな「課題」であるかのように取り上げられることも多いが、ほとんどの当事者にとって、自他の安全性を勘案しながら、どのような利用形態がよいのかを徐々にすり合わせていくプロセスである。

そこでは、「性自認」だけが単独に問題となるのではない。本人の性自認に沿った生活実態のあり方が重要である。万人が安全に排泄できる環境を保っていくために、不審な動きをする者は断固として排除されなければならない。しかしそのとき、トランス女性について架空の憶測をたくましくして目の敵にしても、トイレの安全性が向上することはないであろう。

女性として働き始めて五年ほど経ち三十六歳になった美奈さんは、ついにＧＩＤ診療のプロセスの大きな目標だった性別適合手術のステージにたどり着く。少ない診療の門戸に手術を希望する当事者がつめかけていたため、順番待ちとなることはわかっていたので、「やっと」との思いがあった。

「がんばってきんさい！」

手術の日、新幹線で大学病院に向かう朝、駅には親が見送りに来てくれた。親からの「がんばってきんさい！」という励ましの声を受け、美奈さんは出発した。翌日の手術の際には、何かあったときのために遺書をしたためた。後で看護師さんに聞いたところによると、手術では出血がひどく貧血となり大変だったそうだ。手術後一週間入院した際には、親も見舞いに来てくれた。

親へのカミングアウトは、まず母親からだった。「仕方ない」という反応だった。父親へのカミングアウトは、「今日、いや明日には……」と逡巡しているうちに母親からは一カ月が経ってからだった。『性同一性障害って何？』[7]という本を「読んでみて」と伝えるところから始めた。カミングアウトを受けた父親からは、明確な肯定の言葉こそなかったが「手術までするなら、綺麗な女性になりなさい」という反応が返ってきた。この言葉は「女性は綺麗

7　野宮亜紀他『性同一性障害って何？：一人一人の性のありようを大切にするために』（緑風出版、二〇〇三年）。二〇一一年に同書の増補改訂版が出ている。

でなければならない」というステレオタイプの押し付けなのだろうか。そうなのかもしれないし、そうでないかもしれない。娘の決意を受け父が絞り出した「現実的な」励ましでもあったのかもしれない。この「綺麗な」という言葉が、生き方そのものを形容するものなら、そこには単なるステレオタイプにはおさまらない広がりがある気もする。実は、父の元には職場の知人から「〔その知人の〕子どもが性同一性障害で……」という相談が寄せられていたことが後にわかる。本を読む前から父親は自ら一定の情報を知ろうとしていたのだった。

妹たちにもカミングアウトしたが、妹さんたちからすれば「兄ちゃんが姉ちゃんになっただけ」という受け止めだった。今では、妹や姪っ子たちから「美奈姉」と呼ばれ過ごしている。

美奈さんの知人の中には、性別のことがつらくて、一気に全面的に性別移行を試みるが、うまくいかず自死に至ってしまった人もいる。そんなこともあって、美奈さんは、「徐々に」ということの大事さを、年下の当事者から相談を受けるときにも常に念頭においているそうだ。

美奈さんは、手術から三カ月後、戸籍上の性別を変更する。その美奈さんには、十五歳年上のパートナーがいる。美奈さんは、幼い頃から、異性すなわち男性が好きだった。それでも、自分が性別移行するまで恋愛はしないと決めていた。そのパートナーとの出会いは、このインタビューから十五年くらい前のこと。手術をする少し前の頃だった。彼は初めて会ったときから美奈さんを女性だと思っていたので、カミングアウトされたときは意外な気持ちを抱いたそうだ。美奈さんはその彼と婚姻する。

障壁のない社会へ

美奈さんは、今、障害者雇用という形態で公務員として働いている。この形態だと任期付きのことが多い。勢い転職も多くなる。三年任期という場合が多いが、三年ごとに求職活動をしなければならないのはとても大変だ。ここには、国全体の施策のゆがみがあらわれている。例えば、公務員の数自体はスリム化せよという要請が強くなっている一方で、障害者を雇用せよとも言われると官公庁は、非常勤や任期付きという形態で、法定雇用率を達成しようとする。そのような働き方では当事者にモチベーションもわきにくく、かつステップアップの機会もなかなかない。

障害者雇用一般にまつわるいろいろな問題に加えて、美奈さんの場合、三年に一回履歴書を書かなければならないというのは「難しい」課題だ。地元なら、美奈さんの出身高校名を見ただけでほとんどの人はそれが「男子校」だとわかる。社会生活上も、戸籍上も女性だけれど、履歴書を見た相手には、自身の性別のことを説明しなければならなくなる。そのことも大きな原因となって、美奈さんは東京で仕事を探すことにした。それでも、障害者雇用のマッチングはなかなか難しい。やっと採用にいたった美奈さんは単身赴任を覚悟していたが、パートナーは仕事を辞めて一緒に東京に出てきてくれた。彼も東京で仕事を見つけ、今は夫婦共働きで暮らしている。

インタビューの最後に、私は美奈さんに「トランスジェンダー」という言葉をどう思うか聞いてみた。「自分ではあまり使わない」ということだった。手術を経て、戸籍を変更した今、そもそも自分のことを話す機会もほとんどない。もちろんトランスジェンダーという言葉がしっくりくる人も、そうでない人もいて当然である。この言葉がこれから日本語として、どのように育っていくのか。他者を裁断するための道具としてではなく、自他の相互理解のための言葉としての展開を願いたい。

性同一性障害特例法の要件を満たして、性別を変更した美奈さんは、特例法の現状についても、基本的に受容する立場だ。特例法の要件については、当事者たちによるものも含め実に様々な議論がある。前章で、最高裁は特例法の各要件について合憲と判断してきたこと、しかしながら「生殖能力喪失」要件（四号要件）については、二〇二三年に違憲判断が下されたことに触れた。[8] つまり、現時点では、「性同一性障害」であるとの診断を得た上で、「十八歳以上であること」、「現に婚姻をしていないこと」、「現に未成年の子がいないこと」、そして変更しようとする性別の「性器に近似する外観」を備えていることの四つの要件を満たすと、法的な性別が変更できるということになる。

今後も裁判所が特例法に対してどのような判断を行うのかは予断を許さない。その流れを注視しつつ、民主主義国家であるこの日本社会においては、何よりも国会が知恵を絞ってよりよい法律のあり方に向けて動き出すことを期待したい。党派を問わず国会議員にはその良識を備えた人々が少なからずいることを私は信じている。

美奈さんは、つらいことも多かったけど、焦らずに順序を決めて、大きなグランドデザイ

8　四号要件は法律に残ってはいるが、最高裁が四号要件を違憲無効と判断したことにより、実務上は、この要件以外の要件を満たしていれば法的な性別変更が可能となった。

ンを描きつつ進んできた自分の移行のあり方に誇りを感じている。むしろ、今、感じるのは「障害者として」日々直面する様々な社会的障壁だ。[9] 例えば、登山を趣味としている美奈さんだが、歩くのはどうしても速くはできないので、ツアーでの参加は困難である。バリアフリーでないところもまだまだたくさんある。障害者がいることを前提にした企画が増えることを美奈さんは願っている。

美奈さんは今日もまた山に登る。足取りはたしかに他の登山者よりずっとゆっくりかもしれない。汗だくになることもある。それでも、ふと気づけば着実に多くの難所を乗り越え、他の人が見ることのない景色をまた一つ、また一つと眺め、自身の人生を日々豊かにしている。「焦らずに、一歩ずつ」をモットーとしてきた彼女の姿は、とても綺麗で気品がある。

様々な制度の変革が遅々として進まないように見える日本の現状に焦燥感を覚えるたびに、美奈さんの姿勢を思い出す。そして、自分に言い聞かせる。「ゆっくり急げ」と。

9　障害については以下の重要な知見をここで共有しておきたい。「……非障害者は『配慮が必要ない人』ではなく、『配慮されてきた人』であるということである。同様に、障害者は『配慮が必要な人』ではなく、『配慮の格差』に直面してきた人なのである」（松井彰彦「障害者への『配慮』」、『朝日新聞』二〇一六年四月二十二日、朝刊十七面）

第二部

全ての個人の尊重に向けて

第五章　多様な性を考えるための言葉

1　日本社会の現在地

読者の皆さんと一緒に二つの問いを考えてみたい。一つ目は、今の日本社会は、「全ての人が大切な人を看取れる世の中かどうか」である。二つ目は、今の日本社会は、「自身の性を自分らしく生きていても、蔑《さげす》まれることのない世の中かどうか」である。皆さんの答えはそれぞれどのようなものだろうか。

（1）大切な人を看取る

私自身の現在の答えは、いずれも「否《いな》」というものである。一つ目の問いについては、とりわけ医療機関での看取りの局面で、たとえ長い期間寄り添い合ってきた相手だったとしても、その人が同性だったなら看取りの場面に立ち会えない、ということがまだまだありうる。ある人にとって「大切な人」とは、子であることもあれば、親であることもあるかもしれない。はたまた親密なパートナーのことだったり、親友のことだったり、あるいは名前は付いていないが「大切な人」という他ない人だったりするかもしれない。

その「大切な人」が、同性のパートナーだった場合、今の日本社会では、たとえ長年連れ添っていたとしても看取ることが保障されている状況とはいえない。看取る局面までいかずとも、例えば同性カップルの一方のパートナーが突然の傷病で救急搬送された場合、搬送先に駆け付けたもう一方のパートナーが、意識不明の連れ合いに面会できるかどうか、あるいはその病状の説明が受けられるかどうかについて、医療機関の判断は分かれるのが現状である。もちろん、家族として扱う医療機関もあるが、そうでないところもある。それは、医療機関がことさら差別的だったり偏見をもっていたりするからというよりは、日本社会において、同性カップルについて、その関係を公的に証明する仕組みが不在だからである。異性カップルであれば、婚姻（法律婚）という制度が強力な関係の証明を提供してくれる。同性カップルについてその種の国家的な制度は二〇二四年三月現在、この社会には存在していない。

（2）多様な人、多様な性

二つ目の問いについては、まだまだ性的マイノリティであること（「そうかもしれない」という場合、あるいは「そうなのではないかとの憶測」に基づく場合も含む）で、蔑まれることが往々にしてある。このことは、性的マイノリティ当事者の生存と生活に無視できない不利益を与えている。学校生活、職業生活、日常生活等々、生活の様々な場面で、当たり前とされる性のあり方（その中心には異性愛とシスジェンダーがある）でない性を生きようとすれば、様々な困難と障壁に突き当たる。

もちろん、この社会が致命的に不正で、改善は不可能だなどとここで言うつもりはない。一歩ずつよりよい社会へ向かいつつある兆候を見逃すべきではない。また、日々、それぞれの現場で明日への種を植え続けている人々がいることも忘れるべきでない。現状を見据えつつ、過度の悲観もいたずらな楽観も排しつつ、よりよい社会への道筋を探っていくことが大切だろう。

この社会を、「誰でも安心して過ごせる場」としていくためにはどうすればよいだろうか。この「誰でも」ということを考えていくときに、性的マイノリティについての知識は重要な出発点を与えてくれる。もちろん、人間の多様性は様々な側面で考えることができる。例えば、民族、母語、経済階層、障害の有無等々による違いである。ある側面では社会の多数派である人が、別の側面では社会の少数派ということもある。そして、ある側面で多数派であるか少数派であるかも必ずしも固定的なものとは限らないだろう。

「誰でも安心して暮らせる」かどうかを真剣に考えるなら、性の多様性だけではなく、それ以外の様々な多様性も視野に入ってくることになるが、本書では特に性という側面から、

1 ちなみに、本人が判断能力を有しない場合の医療的決定について、「わが国では明確な法準則はなく、医療現場では同居の親族など当該患者の生活状況を最も良く知る者の同意を尊重する慣行が存在する」とされる（米村滋人『医事法講義　第二版』、日本評論社、二〇二三年、一三七頁）。

この「誰でも」という課題に迫ってみようとしたのだった。

2 どうアプローチするか

多様な性に関わる話については、良くも悪しくも権威的な知、あるいは確立した知見があるとは必ずしもいえない状況にある。学校教育でもあまり触れられることはない。[2] ネット情報は正直なところ玉石混淆であろう。[3]

そのような状況の下で、貴重な手がかりとなるのが、性的マイノリティの当事者たちが紡いできた言葉である。そして、それに伴走するようにして様々な言葉を検討し、考察してきた研究者たちの言葉がそこに加わる。まず当事者の声の重みを真剣に受け止めるところから始めよう。とはいえ、当事者の声は、ある論点について決着をつけてくれるような「万能の切り札」ではないだろう。むしろ、自分の意に沿った「当事者の声」を恣意的につまみ食いするような姿勢は、かえって有害だといってもよいのではないだろうか。当事者の声、思い、スタンスもまた多様であるという当たり前の事実を忘れないでおきたい。

（1）自己理解と相互理解

私たちは誰もが日々自分の「性」を生きている。とはいっても、わざわざ自分の性のことを意識するかどうかは人によってかなりバラツキがあることだろう。それでも、自身の「性」について、小さい頃から大人になった後までを含む人生の時間の中で、少しも悩んだことのない人がどれだけいるだろうか。心身の成長について、他人と比べ、他人の子と比べ、外見で悩み、内面で迷いといったことは、何らかの形で多くの人になじみ深い経験かもしれない。性について、一方で自分事として考えることができるかどうかが大事である。どこかにいるらしい少数派の話としてではなく、私自身のよりよい生とつながる話なのだと実感しながら考えられるかどうかである。とともに他方で、客観的に考えるということもまた重要である。先ほど、多様な性について確立した知見は必ずしもないと述べたが、着実に知見が積み重ねられてきてもいる。特に「これが正解だ」と客観的に言うことは難しいとしても、「これ

2 ただし、様々な形で貴重な実践が行われてきたことについては、堀川修平『「日本に性教育はなかった」と言う前に――ブームとバッシングのあいだで考える』（柏書房、二〇二三年）参照。

3 貴重な情報発信の試みとして、「はじめてのトランスジェンダー」（責任編集：遠藤まめた）がある。https://trans101.jp/

は誤りだ」と客観的に確認できることは、社会としてきちんと共有する必要がある。

自分事として考えるときには、自分の感覚に聞いてみるのも大事なプロセスだろう。言葉にはできないが何だかモヤモヤする、頭ではわかった気がするがどことなくひっかかる、という感覚は、多様な性を知っていくときに貴重な手掛かりとなるだろう。もちろん、同時に、激情に押し流されて、淡々とした思考や対話が台無しになることがないように、自分の感情を疑う余裕ももっておきたい。[4]

(2) 学び続ける者として

多様な性へのアプローチの仕方として、現時点で可能な限り正確な知識を備えることから出発するという方針をとってみよう。そして、正確な知識を備えようという構えをもつことから出発して、異質な他者同士がどのように共通理解を形成していけるかを探っていくというあり方はどうだろうか。その意味では、本書の筆者である私自身も多様な性の「理解者」などとは到底言えず、学びつつある者、学び続けようとする者として考え書いているつもりである。そこでは、性という複雑微妙な奥行きをもった事柄については、言葉で捉えきれないことがあるという感受性も保つよう心がけてみたい。

多様な性については、自他の相互理解のために、そして相互理解を表現するためにいろいろな言葉が編み出されてきた。一例をあげると、ＳＯＧＩ（性的指向と性自認）、レズビアン、ゲイ、バイセクシュアル、アセクシュアル、アロマンティック、トランスジェンダー、ノンバイナリー、クィア、クエスチョニング、ＤＳＤｓ、性分化疾患、性同一性障害、性別違和、シスジェンダー、異性愛等々である。それぞれの言葉の詳細については、これまで本書でもところどころで触れてきた。あらためて本章と次章でも後述するが、多様な性については、これらの相互理解のための言葉とは対照的に、蔑称、揶揄《やゆ》、軽視、無視のための言葉や振る舞いもある。俗語として人々の日常生活や学校生活でしばしば無遠慮に耳にすることもまだまだ多いのかもしれない。「おかま」「ホモ」「レズ」「おとこおんな」といった言葉である。かつては、「性倒錯」という言葉が使われていたこともあった。現在ではほぼ死語といってよいだろうが、かつては、大手を振ってまかり通っていた言葉である。

4　感情と感覚については、長田弘の「人生の材料」（『一日の終わりの詩集』収録）という詩を参照（『長田弘全詩集』、みすず書房、二〇一五年、四〇九頁）。

今まで本書で触れてきた言葉たちや、これから取り上げていく言葉たちも、あくまで二〇二四年時点で使われている言葉であり、今後変容していく可能性も秘めていることは確認しておきたい。人々の生・性もそれを語る言葉も時代と共に移ろい、変化していく。そのことも踏まえつつ、多様な性について、「これは正解。これは不正解」といったマニュアル作りにいそしむのではなく、様々な現場での具体的な判断の前提となる知識を共有しようと試みていくことが大切である。事実として存在する諸個人の多様性をしっかりと踏まえた上で、どのような社会にしていきたいのかを考えることが有益であろう。

3 性の様々な側面

私たちは一人一人、好むと好まざるとにかかわらず、何らかの性のあり方を生きているはずである。しかし、そのことを意識するかどうかは、人によってかなりの個人差があるだろう。この性のあり方について、本章では以下のような五つの項目に分けて把握してみることにしよう。

（1）社会生活上の性別と性別の表現
（2）生物学的な性別
（3）公的登録上の性別（法的な性別）
（4）性別に関するアイデンティティ
（5）性的指向

「いや、性というのは男か女かの二つでしょ？」という疑問がもし出てきたら、「性の中にはそのように基本的に二分法で把握できる側面もあれば、そうでない側面もある」と答えてみたい。それが、人間という生き物の面白さ（であり大変さ）なのだ。

少し脱線することになるが、「性」という字は、本来、人間の自然本性を指す言葉であった。漢和辞典では「うまれつき持っている心の働きの特徴」「ひととなり。人や物に備わる本質・傾向。たち」などと説明されていたりする（『学研　新漢和大字典』、学習研究社、二〇〇五年）。この意味では特に「せい」だけでなく「しょう」や「さが」という読みをあてることもある。熟語としては、性格、性質、性向、性分、素性、気性といったものが思い浮かぶ。

人間本性としての「性」については、人間誰しも本来備わっている善の可能性を発揮していくことができるのであり、その意味で人間の「性」（本性）は一つなのだという考え方だって立派に成立するだろう。しかし、現在では「性」という字からは、性別、性欲、性交というときの性がイメージされることが多いだろう。「性」という字の受け取られ方のこのような転換（「しょう」から「せい」へ）は一九〇〇年代頃から起きたもののようだ。

（1）社会生活上の性別と性別の表現

人々は基本的にお互いの性について、四六時中チェックし合いながら暮らしている訳ではないはずだ。むしろ、相互の性について、あえて問いただしたり、確認したりという事態は比較的特別な状況であると感じられるのではないだろうか。人々は、互いの性について意識する（される）ことなく、生活上のやり取りをしていることも多いだろう。暗黙のうちに相互の「性別」を想定し、前提にしながら、これらのやり取りは行われている。

その「想定」を支えているのは、「男らしい／女らしい」とされている容姿（髪型、服装、体つき等）、言葉遣い、声や表現、立ち居振る舞い等々であろう。これらの事柄を「性別の表現」

（gender expression）[7]と呼んでみることにしよう。もっとも、性別の表現は、ことさら「女性であることを表現」「男性であることを表現」といったあからさまな形で行われるよりも、「女性だったらこのあたりまではＯＫだろう」や「男性だったらこうあるものだ」という許容範囲内で各人が表現しているという形が多いように思われる。また、ことさら女性的だとか男性的だとか受け取られたくないということで、ユニセックスな表現が志向されるということもあるだろう。

これらの女らしさや男らしさの「想定」は、社会における性役割（gender role）と強く関連している。性役割については、「人がその性別に応じて社会の中で期待される行為のパターン」[8]という説明が簡にして要を得ている。「男だったら〜して当然」「女は〜するもの」といっ

5 この言葉は現在ではセックスに関わる性的な欲望という意味でしか使われないが、仏教用語としてはショウヨクと読み、「性とは過去から積んで来た習性をいい、欲とは現在の楽欲（ギョウヨク）（ねがい）をいう」という意味であったようだ（『大漢語林』、一九九二年）。

6 小田亮『一語の辞典 性』（三省堂、一九九五年、三九―五三頁）。

7 「性表現」といってもよいのだが、この言葉は、ポルノグラフィやわいせつな図画・文章等を表すこともあり、混同を避けるために「性別の表現」としておきたい。

8 加藤秀一『はじめてのジェンダー論』有斐閣、二〇一七年、七〇頁（引用に当たって原文の傍点は省略した）。

た通念と、男性的な表現、女性的な表現というものは密接に結びついている。

普段どれだけ意識されているかは人によって違うだろうが、世の中にはあちらこちらに性別による区分が存在する。例えば、学校（女子校、男子校はいうまでもなく共学でも多くの事柄が性別二分法を前提に運営されている）、公衆浴場、公衆トイレ、スポーツ[9]などが思い浮かぶ。近年は「性差に敏感な医療・薬の処方」（gender specific medicine）も少しずつ広がりを見せているだろうか。女性専用車両[10]もここに加えることができる。

これらの区分のあり方については時代や地域による変遷も大きい。一例だけあげれば、江戸時代の日本では、公衆浴場における男女の混浴というのは必ずしも忌避されてはいなかった。[11]しかし、それから百五十年以上過ぎた今では、むしろ男女の混浴は非常に例外的な事態であるというのが多くの人の感覚であろう。

（2）生物学的な性別[12]について

人間は有性生殖をする動物である。雄と雌による生殖を通じて新たな個体が生み出される。雄の集団と雌の集団にはそれぞれの特徴があり、集団間で様々な違いがあるのは事実である。

そのことを否定する必要はない。ただし、そこから一人一人の個人について、「あなたは雌（雄）なのだから、～すべきだ」と単純に決めつけることはできない。また、生物学的性差の存在という事実のみから、「男女の間に不平等があってよい（あるいは、不平等があるべきだ）」という結論を導き出すこともできない。

例えば仮に、ある特定の教科（学問）について、生物学的に女性のほうがより適している可能性が高いということがわかったとしよう。そこからは、「その学問に適した女性たちを積極的に支援すべきだ」という議論も出てくるかもしれないし、「（より適していない）男性たちがきちんと学べるように支援すべきだ」という議論も出てくるかもしれない。いずれにせ

---

9 近代スポーツが男性のスポーツとしての性格を色濃くもっていることについては、岡田桂他『スポーツとLGBTQ＋――シスジェンダー男性優位文化の周縁』（晃洋書房、二〇二二年）を参照。

10 松尾陽「女性専用車両は男性差別か?」、瀧川裕英編『問いかける法哲学』（法律文化社、二〇一六年、九六―一一六頁）を参照。

11 渡辺浩『明治革命・性・文明――政治思想史の冒険』（東京大学出版会、二〇二一年、一九九―二一二頁）。この点については、「（女が）遊びや交際で男と混じることの制限が緩いことには、その反面があった。女性は、激しい戸外労働においても男と混じって働くことを当然に期待されたのである」（同書二〇七頁）という指摘も参照。

12 生物学・解剖学上、先天的に非典型的な状態を指す言葉として、インターセックスやDSDs（性分化疾患／disorders of sex development、あるいは性分化の多様性／differences of sex development）がある。川井正信「性分化疾患をどのようにみるか?」、『小児内科』五四巻一〇号一六六七―一六七一頁（二〇二二年）。

よ、女性集団と男性集団の間の集団としての差や違いからは、そこに属する個々の女性や男性、男女二分法でくくれない人については、確定的なことは何も言えないことが多い。最も素朴な例として身長をあげておこう。女性集団のほうが男性集団より平均身長は低いだろうが、ある特定の女性とある特定の男性でどちらの背が高いかは、実際に測ってみるまでわからない。また、背の高い男女と背の低い男女について、ある局面でどう扱うべきなのか（扱いを変えてよいのか否か）は、その局面ごとに異なっている。

生物学的性別と社会の中の性の不平等との関係については、人類学の泰斗・長谷川眞理子博士の表現を引用しておこう。

……現象がなぜ生じるかを科学的に説明することと、そういう現象が起こるのはよいことだと思ったり、しかたがないとあきらめたりすることとは別の問題です。現象に科学的な説明がつけられるということと、その現象自体を正当化することとは別です。しかし、ヒトの行動の生物学的説明にあたっては、実に多くの議論が、この二つを混同して行われてきました。（長谷川眞理子『オスとメス＝進化の不思議』ちくま文庫、二〇二三年、二七三頁）

生物学的性差が存在することの承認と不平等が存在することの肯定とはイコールではないということの重要な指摘を心に刻んでおこう。

（3）公的登録上の性別（法的な性別）

近代国家は、その国家の構成員（国民）を登録し、管理している。その登録情報[13]の一角には性別も含まれる。この公的登録上の性別は、日本をはじめほとんどの国では男女の二分法である。一部の国では、女あるいは男のどちらかだけではなく、Xやdiverse（いくつかの）といった表記を認める例も出てきている[14]。

日本の場合は、出生時に医師によって判断された性別が、出生証明書、出生届に記載され、戸籍に登録される[15]。戸籍に性別それ自体の記載欄はなく、個々人の法的な性別は、戸籍の続柄欄に、「長女」「二男」といった形で表示されることになる。出生時に登録された性別か

13 個人について「基本四情報」というと「氏名、生年月日、住所、性別」の四項目である。

14 藤戸敬貴「性の在り方の多様性と法制度――同性婚、性別変更、第三の性――」、『レファレンス』八一九号四五―六二頁（二〇一九年）。

15 性別の登録プロセスに関わる論点の優れた分析として、石田仁「性別――法的性別の根拠は？」、谷口洋幸他編『セクシュアリティと法――身体・社会・言説との交錯』（法律文化社、二〇一七年、八―二二頁）。

らの変更を認める国は増えてきているが、日本でも、二〇〇三年に制定された「性同一性障害者の性別の取扱いの特例に関する法律」（平成一五年法律一一一号）により、変更が可能となった。[16]

同法では、専門的知見を有する医師二人以上から性同一性障害であるとの一致した診断がある者は、「十八歳以上（成年）であること」、「婚姻していないこと」、「未成年の子がいないこと」、「変更しようとする性別の性器の外観に近似する状態になっていること」という要件を満たせば、法的な性別を変更できる（同法二条、三条一項）。同法には、「生殖能力を喪失していること」という要件もあるが、この要件が二〇二三年十月二十五日の最高裁大法廷決定によって憲法一三条に違反し無効だと判断されたことは第三章で触れた。違憲判断を受けて、現在、実務上は、残りの要件を満たしていれば法的な性別を変更できるようになり、生殖能力を喪失しているかどうかについて判断する必要はないという運用がなされている。[17]

（4）ジェンダー・アイデンティティ／性同一性／性自認

ジェンダー・アイデンティティとは、自分の属する性別についての持続的な自己認識のことである。「性同一性」や「性自認」と訳される。いずれもジェンダー・アイデンティティの訳語であり、意味内容は同じであることをもう一度確認しておこう（以下では、字数節約のため性自認を用いる）。性自認については、「自認」という字面に引きずられて、「自分勝手に自称できるもの」と誤解されることがあるが、性自認は自分で自由に選ぶようなものではない。出生時に登録された性別で扱われることに問題を感じない（シスジェンダーの）人にとっては、性自認という言葉自体意識されることはほとんどないだろう。むしろ、「自分がそこに属している」とはとても実感できない[18]性別で扱われるとき、「いや、私の性別は、それでは

16　それ以前に全く不可能だった訳ではないようである（「性転換手術」後の性別変更が許可された事例に触れる山内俊雄『性転換手術は許されるのか——性同一性障害と性のあり方』、明石書店、一九九九年、一四三頁参照）。また、性分化疾患の当事者については、以前より戸籍の訂正は可能である（例えば、平成三年三月一三日札幌高等裁判所決定、家庭裁判月報四三巻八号四八頁）。この戸籍訂正は、特例法による戸籍の変更（更正）とは別の手続きである。

17　医師の診断書に関わる通知として、「性同一性障害者の性別の取扱いの特例に関する法律第三条第二項に規定する医師の診断書に関する当面の取扱いについて」（令和五年一二月一二日法務省民事局民事第一課、厚生労働省社会・援護局障害保健福祉部精神・障害保健課事務連絡）。

18　この「実感」は、性役割や性別分業に対する抵抗感、忌避感、拒絶感ではなく、あくまで「所属（する性別）」についての話であることに注意が必要である。また、身体に対する抵抗感が必ず性自認の話につながっているということでもない。自分に月経があることに強い抵抗を覚えている人は、「女性に所属している」実感がない人（性自認が女性でない人）かもしれないが、「所属している」実感はありつつ、月経という機能に拒絶感を抱いている女性かもしれない。

なくこれなのだ」という形で痛感されるのが性自認であるといえるだろう。例えば、自分が女性に属しているとはとても思えないとき、にもかかわらず、女性として扱われるとき、「私の性別は男性（のはず）だ」とか「ノンバイナリー（ジェンダーを男女の二分法では捉えない）なのではないか」という形で性自認に関わる言葉が切実なものとして現れてくる。

あるいは、いろいろな人が混在している集団の中にいるとき、どういう訳か集団を二つに分ける局面に出くわしたとしよう。そこで、「女性の方はこちらで、男性の方はあちらです」と性別を指標とした区分が行われるとき、自分はどちらに行くのが適切と感じられるかという状況を想定してみよう。シスジェンダーの人にとっては、難なく（自分の性自認に沿った）どちらかの方向に進んでいくことが可能かもしれない。[19] しかし、シスジェンダーでない場合、その人の社会生活の実態や外見に応じて、自分の性自認に合った方向にスムーズに踏み出せないということがありうる。ましてやノンバイナリーの人にとって、男女区分では行き場がないと感じられることも多いだろう。

男女という区分について、コロナ禍で突然の一斉臨時休校が発表された際の対応に関わる重要なエピソードを紹介しておこう。ある中学校教員は次のような自省の念を書き留めている。

あまりに唐突に発表された全国一斉臨時休校、度重なる延長、矢継ぎ早に出される通知に翻弄される中で行った分散登校を男女別で実施してしまったことは、事態が落ち着くにつれて痛烈な反省となって、私の中で膨らんでいる。私自身も常に抵抗を感じている2つに1つの選択を迫ってしまったのは、男女別以外の「分かりやすい」グループ分けをするための基盤が整っていなかったことが原因だ。学校における名簿は、日頃の教育活動から災害時の対応においてまで、必要不可欠なものであり、学校にとっての基盤といってもよい。その名簿が男女別では、その上で行われるすべての活動が男女別を前提とするようにと言っているようなものだ。（永井恵「当事者から広がる中学校での学び」、『季刊セクシュアリティ』九八号四八―五五頁、二〇二〇年、五四頁）

19　もちろん、シスジェンダーの人であっても、「なぜこの場面で、性別を基に区分しようとするのだろう?」と疑問をもつことは十分にありうる。

余談だが、お笑いのライブでは、たまに前説（本番が始まる前に、会場の雰囲気を盛り上げるために行われる説明やアナウンス）で、観客に拍手の練習をさせることがある。このとき、「では、次に女性の方、拍手!!」と言われたとき、拍手する人の性自認は（おそらく）[20]女性であろう。筆者としては、このような前説については、品がないし、観客を男女分けする意味も見出しがたいので、一切拍手をしないことにしているが。

性自認と性別の表現

各人の性自認は、対外的に表現されていることも多いが、そうでないこともある。多くの人は、自身の性自認に沿った性別表現を行いつつ暮らしていることだろう。しかし、表現したいか、したくないかは人によって異なる。性自認が女性だからといって、女性的な表現を好むかどうかは人によるはずだ。男性についても同様である。また、コスプレのことを考えれば、「女性の格好をしているから、その人の性自認が女性である」という訳ではないということがわかるだろう[21]。

また、たとえ表現したいと思っても、表現できるかできないかという問題がある。例えば、服装について、日本社会に法的な規制はほとんどない。公衆の面前で局部などをさらすことへの規制くらいであろう。しかし、社会的な規制や圧力というものは、明示的なものも、暗黙のルールも含めまだまだあることだろう。それらはドレスコードとして、あるいは周囲のまなざしや態度としてあらわれてくる。

（5）性的指向

今までの（1）〜（4）がもっぱら自分自身の性についての話であったのに対し、他者との関係についての性の側面として、性的指向（sexual orientation）というものがある。恋愛や性愛がどのような性別の相手に向くか、向かないか、ということに着目した言葉である。同じ「しこう」という読み方なので紛らわしいが性的「嗜好」とは区別される。性的「嗜好」（preference）とは、性的な興味関心の抱き方に関する特徴を指す言葉である。例えば、SM（サ

---

20 性自認は女性ではないのだが、女性を「表現している」人である可能性はある。

21 コスプレに限らず、「異性装」についても、ある性別らしい服装を好む人にとって、自分が表現している性別は自身の性自認と同じかもしれないし、違うかもしれない。

ディズム、マゾヒズム）への興味・好み、露出への興味・好み、フェティシズム等々である。[22]現代語としての「性癖」という言葉のニュアンスとも近いだろう。[23]

誰か（何か）に「惹かれる」というとき、そこには、多くの要素が関わっているだろう。相手の性別以外にも例えば、年齢、体型、容姿、性格、民族、人種、職業等々あげればきりがない。性的指向というときには、これらのうち特に性別に焦点があてられる。「私は□に惹かれる」という文章の空欄には、「同性」、「異性」、「同性にも異性にも」、「性別に関わりなく」、「誰にも（惹かれない）」等々様々なものが入る可能性がある。

SOGIという言葉

これらのうち、性的指向（Sexual Orientation）と性自認（Gender Identity）の英語の頭文字を並べてＳＯＧＩということがある。[24]誰もが何らかのＳＯＧＩのあり方をしていることだろう。その意味で、ＳＯＧＩという言葉を用いると、全ての人に関係する事柄であるということを強調できる。

ある人のＳＯＧＩのあり方を、外から変えることはできない。欧米における、無理やりの

「変更」を、ときに「治療」と称して行い、「治す」どころか、対象となった人々の心身と人格を大きく傷つけてきた残酷な負の歴史を忘れる訳にはいかない。[25]このSOGIのあり方を外から変えることはできないが、内側から変容していく、あるいは真に自分らしいあり方に気づいていくということはあるだろう。SOGIについては、「(気づいたら)こうである」という各人のあり方を尊重することが出発点になる。もちろん、どのように尊重し合っていくのかは、一口にはいえず、場面ごとの丁寧な取り組みが大事になってくるだろう。

---

22 これらは、「犯罪や暴力にならない形で」成年の当事者同士が合意の上で楽しんでいるのであれば、特に問題にはならない(日本性科学会編集『セックス・セラピー入門』、二〇一八年、金原出版、三四六頁(石丸径一郎執筆))。

23 「性癖」とは元来「性質のかたより。生まれつきのくせ」という意味でしかなかった(『全訳 漢辞海 第四版』、二〇一七年、三省堂)。『三省堂国語辞典 第八版』(二〇二二年)は、性癖の語義として、「①くせ」に加えて「②性的な嗜好」と現代的な意味も載せている。

24 SOGIに性別の表現(gender expression)と、性に関する身体的特徴(sex characteristics)を加えて、SOGIESCという言葉も用いられることがある。

25 この点に関し、実話を基にしたアメリカ映画として『ある少年の告白』がある(二〇一八年製作、ジョエル・エドガートン監督、原題Boy Erased)。胸が痛む描写を含むこの作品のラストは非常に興味深い。

第六章　日本社会の課題と展望

1　SOGIに関するマイノリティとマジョリティ

誰しもが何らかのSOGIのあり方をしている。そこには模索中や流動的、不確定という場合も含まれる。もっとも、「誰もが何らかの」あり方をしているとはいっても、そのあり方において、社会の多数を占める者（マジョリティ）もいれば、少数者（マイノリティ）もいる。

（1）出生時の登録性別と性自認との関係

まず、出生時に登録された性別と本人の性自認との関係をみてみよう。出生時に女性として登録された者の性自認は女性であるということが多いだろうが、性自認がそれ以外であることも当然ある。出生時の登録が男性である者にとっても話は同様である。出生時の登録の性別と性自認が同じ者をシスジェンダー（cisgender）と呼ぶことができる。社会の圧倒的多数を占める人々である。これに対し、出生時の登録の性別と性自認が異なる者をトランスジェンダー（transgender）と呼ぶことができる。ジェンダーというのは多義的な言葉だが、ここでは「性別」のことである。出生時の登録の性別を「越える」（trans）のがトランスジェンダー、越えず「こちら側」（cis）のままなのがシスジェンダーという訳だ。

トランスジェンダーの中には、性自認が男性であるトランス男性や性自認が女性であるトランス女性がいるが、男女の二分法には当てはまらないと感じる人たちもいる。そのことを指して、Xジェンダーやノンバイナリー（nonbinary）という言葉が使われることがある。「フツーの人がいて、トランスジェンダーという変わった少数者がいる」という捉え方ではなく、「シスジェンダーの人も、トランスジェンダーの人もいる。社会の多数派を占めるのはシスジェンダーである」と捉えてみると、よりよい相互理解へつながる可能性が高まるかもしれない。

（2）本人と惹かれる相手との関係

続いて、性的指向についてみてみよう。男性として男性に惹かれる人（ゲイ）もいれば、女性として女性に惹かれる人（レズビアン）もいる。異性に惹かれる人もおり（異性愛者）、同性にも異性にも惹かれうる人（バイセクシュアル）、性別にかかわらず惹かれうる人（パンセクシュアル）、惹かれることはない人・ほとんどない人（アセクシュアル）[1]等々の様々なあり方がある。カッコ内に付記した名称も、厳格な定義がある言葉というより、当事者たちが自分を表現するために編み出してきた言葉として捉えたほうがよいだろう。

また、「惹かれる」といっても、①性的な接触や性行為への欲求を感じるという「惹かれ」方もあれば、②一緒にいたい、時間を過ごしたい、特別な人として関係を築きたいという「惹かれ」方もある。前者①の「惹かれ」方を「性的（セクシュアル）」な「惹かれ方」と表現し、後者②を「ロマンティック」な「惹かれ」方と表現することがある。「ロマンティック」に惹かれることは「ない」ことを「アロマンティック（aromantic）」と呼んだりする。アセクシュアルの人の中には、ロマンティックな感情をもつ人もいれば、アロマンティックな人もいる（「セクシュアルな」欲求をもつ人にとってもやはり、ロマンティックな感情をもつ人ともたない人がいるだろう)。

ちなみに、恋愛や性愛のあり方には、人数についても様々なヴァリエーションがある。同時に好きになるのは一人という人もいれば、複数人という人もいる。それは「浮気」や「移り気」というのではなく、同時に複数の人たちを本気で好きになり、愛するあり方である。「複数の愛」という意味のポリアモリー(polyamory)という表現が使われる。[2]

(3) マイノリティとマジョリティを語る言葉

他者に対して「レズ」「ホモ」「おかま」という言葉を使うことは強い侮蔑となる可能性が極めて高いことも確認しておきたい。日々のコミュニケーションの中でどのような言葉を用いるかは、最終的には各自の判断に委ねられるべきものだが、ある言葉が担ってきた歴史・経緯については十分知っておく必要がある。特に、いじめ、揶揄に使われてきた言葉を他者にぶつけることには極めて慎重であってよいはずだ。

1 対応する原語 asexual は、英語でエイセクシュアルと発音されることが多い。この「a」は「ないこと、不在」を意味する接頭辞である。
2 深海菊絵『ポリアモリー 複数の愛を生きる』(平凡社新書、二〇一五年)を参照。本書第二章注2でも触れた。

性のあり方を表現する際に、自身にとってしっくりくる言葉が何であるかは、人によって異なる。またマジョリティにも、シスジェンダーや異性愛といった「名前」を付けることができることももう一度おさえておこう。

少数者・少数派といっても、実際のところどれだけ「少ない」のだろうか。性に限らずどのような調査であっても、信頼できる調査か、あるいは統計的に意味のある調査かどうかを丁寧に吟味する必要がある。また、「わかりやすさ」を追求するあまり、かえってよりよい相互理解が妨げられてしまう危険性があることにも注意したい。例えば、性的マイノリティについては「社会の一割くらい、すなわち左ききの人と同じくらいいる」といった紹介のされ方がされることもある。しかし、その一割くらいという調査が、統計的に信頼のおけるものなのかどうか、そもそもどういう調査をどのように行ったのか詳細が明らかにされていないこともある。結果としての数字に飛びつく前に、その調査の信頼性をしっかりと確認してから話を進める必要がある。

日本社会についてそのような信頼できる調査を行っている研究として、釜野さおり教授を研究代表者とする「性的指向と性自認の人口学――日本における研究基盤の構築」がある。

研究結果も継続的に公表しているので、ぜひ実際にホームページを訪れてみてほしい。[3]

2 日本社会の課題

この社会を、全ての人が安心して安全に暮らせる場にしていくためには何が必要だろうか。別の言い方をすると、私自身、私の友人、お隣さん、同僚、その他この社会に暮らす様々な人々が安心して安全に暮らすためには何が必要だろうか。

人々が多様な性を生きているという現実への対応のあり方として、国際的には、性的マイノリティを迫害する国もあれば、逆に、ＳＯＧＩのあり方にかかわらず平等に尊重しようと人権保障を進める国もある。そのどちらでもなく、放置したり、存在しないものとして扱ったりする国もある。現在の日本は、放置から人権保障へと一歩足を踏み出したところだといえるだろうか。

3　https://www.ipss.go.jp/projects/j/SOGI/　例えば、二〇一九年一～二月に大阪市民を対象に行われた調査では、ゲイとレズビアン〇・七%、バイセクシュアル一・四%、アセクシュアル〇・八%、決めたくない・決めていない五・二%、トランスジェンダー〇・七%となっている。

いうまでもなく諸外国の状況は千差万別であり、それらをつまみ食い的に取り出してきて比較し、日本社会が「遅れている」とか「進んでいる」などと安易に順番をつけることにはあまり意味がないだろう。と同時に、「所詮、国ごとにそれぞれのやり方でいくしかないのだ」と、切り捨ててしまうのも別の意味で安易である。「国や社会が違っても守られるべき普遍的な価値があるとしたら、それは何か？」という問いも常に忘れずに携えておきたい。

「人権の保障を進めていこう」という主張に対しては、性的マイノリティの当事者を含め「そっとしておいてほしい」という声があがることもあるのは事実だ。たしかに、いたずらに騒ぎ立てたり、政争の具にしたりする愚は避けなければならない。しかし、日本社会の現状は、そのまま「そっとしておく」ことが可能なものだといえるだろうか。その一見したところの「そっと」は、どこか「息をひそめ、常にどこか緊張しながら」暮らす「そっと」であることも少なくないのではないだろうか。不必要に攻撃的だったり、教条的だったりするのではない仕方で、淡々と人権保障を進めることは、「そっと」暮らしたい人が、そっと暮らせるようになることの条件整備でもあるのではないだろうか。

人権の保障というテーマを考えるとき、性的マイノリティの当事者にとって、生存と生活の保障という大きな課題が根本的な問題としてある。生き延びて、暮らしていくために、日本社会にはどのような課題が存在しているだろうか。ここでは、主として性的指向に関わる「(1)同性カップルの生活保障」、そして「(2)性自認に沿った社会生活」の二点について触れることにしたい。

(1) 同性カップルの生活保障

まず、同性カップルの生活についてである。現在の日本では、それを保障する国家的な制度は存在しない。多くの自治体では、カップルであることを宣誓した者に対して証明書を発行する制度をもうけているが、これには法的な効果が伴う訳ではない。もちろん、法的効果はないとしても、人々の生活の最も身近なところにある自治体のこのような取り組みは、非常に意義あるものである。特に、市区町村といった基礎自治体が、パートナーシップ制度を含めた丁寧な取り組みを行っている地域は、文字通り「誰もが」暮らしやすい街作りに真剣に取り組んでいる街であると評することができよう。

当事者カップルは各種の「自衛」手段で、自分たちの生活を守ろうとしていることもある。

年長のほうが年少のパートナーを養子にする養子縁組を行ったり、カップル間の生活や財産について契約を結んでおいたり、遺言を書いたり、緊急時の連絡先カードや自治体のパートナーシップ宣誓証明書[4]を携帯したりすることである。しかし、これらの「自衛」手段では、いざというときに不確実である。手術の同意や病状の説明、面会、看取りが関わる医療の場面（特に救急医療、終末期）、一方が亡くなったときの相続、国籍を異にするカップルの場合はビザの問題、そして住居を借りる（借地、借家の）場面、これらの抜き差しならない場面で、同性カップルについて、国家として「家族である」ことを証明し保障する仕組みが今の日本社会にはない。[5]

カップルの共同生活の保障という点では、異性間と同性間とで扱いを区別する合理的な理由は見出しがたいように思われる。だとするならば、何らかの形での国家レベルの保障制度を作ることはもはや一刻の猶予もゆるされない課題であるといってよいのではないだろうか。

当事者や支援者たちも、現状が日本国憲法に適合しているといえるのかを問う訴訟を各地で提起している。二〇二四年三月段階では、六つの地裁判決と一つの高裁判決が出ている（一五〇頁の「参考」）。国会は、裁判の進行を見守り、最高裁の判断を待つだけではなく、裁判所に先んじて、「国権の最高機関」としての使命を果たすべきではないだろうか。

今後の制度の選択肢としては、婚姻について、異性同士だけでなく同性同士で利用できるようにする形態、婚姻とは別の仕組みを創設する形態、事実婚としての保護を同性カップルにも付与する形態など様々なものがありうる。

そして、同性カップルの生活の保障という切実な課題を考える際に、実は異性カップルにとってさえ、現行の婚姻制度が決して理想的な制度とはいえないかもしれないことは念頭に置いておくべきだろう。一つだけ具体例をあげるなら、一度は法改正の法律案要綱制定までたどりつきながらも、まだ実現していない選択的夫婦別氏制度の問題である[6]。

4　地方自治体によるパートナーシップ制度については、高橋優「地方公共団体のパートナーシップ認定制度」、『調査と情報—ISSUE BRIEF—』一二六九号（国立国会図書館、二〇二四年三月）を参照。https://dl.ndl.go.jp/view/prepareDownload?itemId=info:ndljp/pid/13342057

5　同性カップルを「事実上婚姻関係と同様の事情にあつた者」や「婚姻に準ずる関係」として認める裁判例は出てきている。同性パートナーの一方の不貞行為による関係破棄について他方パートナーへの損害賠償を認めた東京高等裁判所令和二（二〇二〇）年三月四日判決（『判例時報』二四七三号四七頁）、犯罪被害者給付金法に規定する事実婚について同性カップルも該当しうるとする最高裁判所令和六（二〇二四）年三月二十六日判決（裁判所ウェブサイト）。

6　婚姻制度の未来を考える際に有益な文献として、齊藤笑美子「婚姻——カップルの特別扱いに合理性はあるか?」、谷口洋幸他編『セクシュアリティと法』（法律文化社、二〇一七年）、『法と哲学』第九号「特集　結婚の法と哲学」（信山社、二〇二三年）などがある。

参考 同性間の婚姻を認めない現行制度は憲法に違反しているか?(二〇二四年三月段階での各裁判所の判断)

第一審(合憲一件、違憲状態三件、違憲二件)

①札幌地裁(札幌地判令和三〔二〇二一〕・三・十七、判例時報二四八七号三頁)

憲法一四条一項に違反している。

②大阪地裁(大阪地判令和四〔二〇二二〕・六・二十、判例時報二五三七号四〇頁)

憲法一三条、一四条一項、二四条には違反しない(ただし、同性婚やそれに準ずる制度を認めることは「憲法の普遍的価値である個人の尊厳や多様な人々の共生の理念に沿うもの」であるとも付言している)。

③東京地裁【東京第一次訴訟】(東京地判令和四〔二〇二二〕・十一・三十、判例時報二五四七号四五頁)

憲法二四条二項に違反する状態にある。

④名古屋地裁(名古屋地判令和五〔二〇二三〕・五・三十、裁判所ウェブサイト)

憲法二四条二項、一四条一項に違反している。
⑤福岡地裁〔福岡地判令和五（二〇二三）・六・八、裁判所ウェブサイト〕
憲法二四条二項に違反する状態にある。
⑥東京地裁【東京第二次訴訟】〔東京地判令和六（二〇二四）・三・十四、令和三年（ワ）七六四五号〕
憲法二四条二項に違反する状態にある。

控訴審

・札幌高裁〔札幌高判令和六・（二〇二四）三・十四、令和三年（ネ）一九四号〕
憲法二四条、一四条一項に違反する。

（２）性自認に沿った社会生活

トランスジェンダーについては、近年にわかに、公衆トイレや公衆浴場の利用にばかり注目が集まり、不確かな情報をもとにセンセーショナルに騒ぎ立てるような心無い人々も散見される。その際もっぱら標的となるのはトランス女性である。

冷静に、事実に基づいて事態を認識していく必要性は非常に高い。まず何よりも議論の出発点とすべきなのは、ほとんどの当事者にとって、自身の性自認に沿って社会生活を構築しようとすること、社会的に性別を「移行」することには、多大な障壁や困難が存在しているということである。就学一つとってみても、出生時に登録された性別ではなく、性自認に沿って学ぼうとするとき、一つ一つの事柄について、調整を行っていくのはそう容易なことではない。それでも、少しずつではあるが、文部科学省も通達やガイドブック[7]をはじめとして施策を進めようとしているし、性別違和を抱える児童・生徒たちを支える体制が徐々に築かれようとしている。この取り組みを丁寧に広げていくことで、誰でも学び続けることのできる学び舎を保障していかなければならない。

就学という場面の他にも、就職活動では、履歴書の性別欄をどう記載すればよいのか、先方のプライバシーへの配慮を欠いた言動へどう対応すればよいのかといった多くの難問があり、何とか就職したり仕事を始めたりした後も、様々な課題に直面しなければならない。働き始めた後に社会的な性別移行を開始する場合も含め、同僚や上司の適切な理解とサポート、組織としての丁寧な対応が非常に重要になってくる。

この点に関連する裁判例として、経済産業省に勤めるトランス女性について、経産省による職場トイレ使用制限の処遇が違法と認められたケースがある（最高裁判所令和五〔二〇二三〕年七月十一日判決、『裁判所時報』一八一九号一頁）[8]。経産省側が当初の措置（勤務階から上下二階以上離れた女子トイレの使用のみを認める処遇）を、その後トラブル等がなかったのにもかかわらず数年もの間見直さなかったことが妥当性を欠くものと評価された。最高裁は判決文の中で「具体的な事情を踏まえ」た丁寧で時宜にかなった調整作業が重要であることを指摘している。

社会的な性別移行を行いつつある者には、医療アクセスにも多くの困難がある。通常の医療については、不必要に身元を問いただされたり、本人確認の際にプライバシーに配慮のない対応をされたりすることを恐れて、受診自体を避けようとすることがあるし、性別移行に

7　文部科学省通知「性同一性障害に係る児童生徒に対するきめ細かな対応の実施等について」（平成二七〔二〇一五〕年四月三〇日児童生徒課長通知）。この通知には、「悩みや不安を受け止める必要性は、性同一性障害に係る児童生徒だけでなく、いわゆる『性的マイノリティ』とされる児童生徒全般に共通する」という文言がみられるが、ここで求められている「きめ細か」さは、マイノリティに対する一定の配慮の問題として分離して捉えるよりも、「誰も」が自分らしく学べる環境作りという普遍的な課題の一環として捉えるほうがよいだろう。

8　正確には、この使用制限措置を改めるよう求めた行政措置要求を認められないと判断した人事院の判定が違法とされた。

関連する医療（精神科カウンセリング、ホルモン投与、外科手術等）について、提供は一部の都市圏にほぼ限られており、どこに住んでいてもケアを受けられるような状況にはなっていない。これらの具体的な困難を日々生きているということ、生活と生存に対する危険と不安が存在していることと、これら自体が十分知られることなく、興味本位で生活実態からかけ離れた「問題」ばかり喧伝されるのは健全な状態とはいえないだろう。

もちろん、公衆トイレや公衆浴場の利用のあり方は、誰もが安心して安全に利用できるように整えられなければならない。この安全性の確保や向上のためには、文字通り不審者や危険な場所を焦点とすべきであり、いたずらにトランスジェンダー当事者（特にトランス女性）を仮想敵に仕立て上げても得られるものはないだろう。現在の日本社会では、公衆トイレにせよ公衆浴場にせよ、その施設区分の指標は性自認ではない。トイレなら社会生活上の実態の性別によって区分され、浴場なら外性器の形状によって区分されている日本社会の現状は合理的なものであり、風呂やトイレに闖入《ちんにゅう》する不審者は、今まで同様これからも取り締まりの対象である。念のため確認しておくと、現状で十分安全になっていない事柄について着々と改善を進めるべきであることは言うまでもない。未知の事柄や社会的変動の兆しに対して不安を抱くことがあるのは人情としてうなずけるところもあるが、重要なのはその不安に対し、事実をもとにきちんと解消していくことである。それとは反対に、不安を煽り立てるような言動は厳に慎むべきであろう。

その不安の解消作業の一環として、二〇二三年に成立した「性の多様性」理解増進法に触れて、本章を閉じることとしたい。

3「性の多様性」理解増進法の理解へ[9]

二〇二三年六月十六日、「性的指向及びジェンダーアイデンティティの多様性に関する国民の理解の増進に関する法律」というカタカナを含む長い名前の法律が成立し、翌週の六月二十三日に公布・施行された（令和五年法律第六八号）。

9 本節は、拙稿「『性の多様性』理解増進法制定に寄せて――自他のよりよき相互理解のために」（人権教育開発推進センター『アイユ』三八七号一一―一二頁、二〇二三年八月）を大幅に増補修正したものである。本法の解説書として、鈴木秀洋『自治体職員のためのLGBTQ理解増進法逐条解説ハンドブック』（第一法規、二〇二三年）がある。

同法制定の一つの機縁となったのは、二〇二〇年に開催される予定だった東京オリンピック・パラリンピックである。「多様性と調和」をスローガンとするこのオリンピック・パラリンピックは、コロナ禍のため一年の延期を経て、二〇二一年七月から開催されたが、その開催直前である二〇二一年五月には、超党派の議員連盟が「性的指向及び性自認の多様性に関する国民の理解の増進に関する法律案」で合意に達していた。[10]しかし、自民党内の手続が完了せず国会への法案提出には至らなかった。

このように一度は頓挫した法制定だったが、二〇二三年二月三日夜に、首相秘書官が性的マイノリティや同性カップルについて嫌悪感をあらわにしたオフレコ発言を記者団に対して行ったことが報道されると、今一度、法制定への機運が盛り上がる。岸田首相はただちにこの秘書官を更迭し、理解増進法案の検討を進めるよう自民党に指示した。[11]同年五月には首相の出身地・広島でG7サミットが開催されることになっていたことも追い風となった。[12]

（1）急転直下の四党合意

とはいえ、その後の法案審議は異例の経過をたどる。議員立法は全会一致によることが原則だが、理解増進法については、自民・公明両党が提出した法律案の他に、立憲民主・共産両党が提出した法律案[13]、そして、日本維新の会・国民民主両党が提出する法律案の三案が衆議院に提出されることとなったのだ[14]。結果的に、六月十三日に、与党案の修正案が自公両党に維国を加えた四党による賛成多数で衆議院を通過し、六月十六日には参議院も通過し法律は成立した[15]。

異例となる三案の乱立と急転直下の四党合意による修正案の成立という経緯からは、ぎりぎりの合意形成作業が行われたことがわかる。法案提出者の一人である國重徹衆議院議員

---

10 二〇一五年に発足した「LGBTに関する課題を考える議員連盟」。

11 「首相、LGBT法案準備を指示　自民、2年前は見送り」（『産経新聞』、二〇二三年二月七日）。

12 五月二十日に発表された「G7広島首脳コミュニケ」では、「我々は……多様性、人権及び尊厳が尊重され、促進され、守られ、あらゆる人々が性自認、性表現あるいは性的指向に関係なく、暴力や差別を受けることなく生き生きとした人生を享受することができる社会を実現する」という文言でSOGIへの言及がある（第四二パラグラフ）。https://www.mofa.go.jp/mofaj/gaiko/summit/hiroshima23/documents/（外務省ホームページ）

13 この法律案は二〇二一年に超党派議連が合意した案と同じものである。

14 「第二一一回国会　議案の一覧」（衆議院ホームページ）https://www.shugiin.go.jp/internet/itdb_gian.nsf/html/gian/kaiji211.htm

15 なお、採決時に自民党の議員から、衆議院で七人、参議院では三人の退席者が出たが、議場で反対した議員はいない。「LGBT衆院本会議採決　自民・高島氏が退席　7人が欠席」（『産経新聞』、二〇二三年六月十三日）、「LGBT法案採決時に退席、山東昭子ら3議員を厳重注意…自民参院幹事長」（『読売新聞』、二〇二三年六月十六日）。

は、四党修正案が「急な話」であったことを認めつつも、「幅広い合意形成をすることが、法案成立後に混乱なく取り組みを進めていく上で重要」との考えで、法案成立を決意することになったという。國重議員は「懸命に汗をかいてこられた各党の議員の姿を見てきた。私は、そうした皆さんの取り組みに敬意を抱いている。この法律を生かすも殺すも、今後の運用次第だ。皆で手を取り合い、共生社会の実現という共通目標に向かって前進していくこと、本法がその一助となることを願っている」とも述べている。[16]

なお、この法律についてマスコミの報道では、「LGBT理解増進法」や「LGBT法」といった略称が使われることが多いようだが、同法が強調しているのは一部の性的マイノリティへの温情ではなく、全ての人にとって多様な性の理解が重要だということである。LGBT法という略称は、同法の理念への理解を妨げるので不適切だと言ったら言いすぎだろうか。

（2）新法の目的と理念

同法は、性的指向及びジェンダー・アイデンティティ[17]（以下、SOGIと略す）の「多様性に関する国民の理解が必ずしも十分でない現状に鑑み」、ＳＯＧＩの多様性に関する理解増進施策推進に関する基本理念を定め、ＳＯＧＩの「多様性を受け入れる精神を涵養し」、ＳＯＧＩの「多様性に寛容な社会の実現に資すること」を目的として制定された（第一条）。

確かに、日本社会では多様な性に関して基本的な知識が十分共有されているとはまだいえない状況にあろう。同法を読む際には、制定過程における政治的駆け引き、取引、折衝の途上で語られた言葉や噂、思惑と、最終的に法文として確定されたもの（とその解釈）とを混同しないようにすることが肝要である。とりわけ、国会議事録にしっかりと記録された質疑で確認された各条文の趣旨を十分に踏まえて議論する必要がある。

同法の基本理念を確認しよう。第三条では、理解増進施策は「全ての国民が、その性的指向又はジェンダーアイデンティティにかかわらず、等しく基本的人権を享有するかけがえのない個人として尊重されるものであるとの理念にのっとり」、ＳＯＧＩを「理由とする不当な差別はあってはならないものであるとの認識の下に、相互に人格と個性を尊重し合いな

16　國重徹「法案提出者から見た立法までの経緯」、『自治実務セミナー』七三五号八―一一頁（二〇二三年九月）。
17　性自認、性同一性はいずれもこの語の翻訳語であり、意味内容は変わらないことは第五章でも触れた。

がら共生する社会の実現に資することを旨として行われなければならない」とされている。同法が、「すべて国民[18]は、個人として尊重される」という日本国憲法一三条前段、そして法の下の平等を保障する憲法一四条一項の理念をＳＯＧＩについても確認したものであることを銘記したい。

現在の日本社会で、文字通り誰もがその性のあり方いかんにかかわらず、個人として尊重されるためには、性の多様性や性的マイノリティについての知識の共有を広げていくことが不可欠である。そのために、国、地方公共団体、そして学校、民間団体[19]が活動していく根拠となる理念法が制定されたことは重要な第一歩といえる。第三条の「不当な差別はあってはならない」という文言については、「正当な差別があるのか」という論難も寄せられたが、それは誤解である。法的な差別についての標準的な見解では、合理的な根拠があれば別異取扱い（区別）は許される（昭和三十九〔一九六四〕年五月二十七日最高裁判所大法廷判決、民集一八巻四号六七六頁）。第三条は「不当な区別はあってはならない」という当然の理をＳＯＧＩの場面であらためて確認している。

（3）新法を育てていくために

性的マイノリティ（かもしれない）の若者の生活・生存は、依然としていじめや自殺念慮等多くの危険と隣り合わせのものである。その点で、同法が事業主と並んで学校へ理解増進に関する努力義務を課したこと（第六条第二項）は特筆に値する。同項には「家庭及び地域住民その他の関係者の協力を得つつ」との一節があるが、これは教育基本法一三条「学校、家庭及び地域住民その他の関係者は、教育におけるそれぞれの役割と責任を自覚するとともに、相互の連携及び協力に努めるものとする」の趣旨を踏まえたものであり、保護者の協力を得なければ取り組みを進められないという意味ではない（第二一一国会・参議院内閣委員会第一九号議事録、二〇二三年六月十五日）。各地で地道な取り組みを行ってきた教職員らの試みに学び

18　なお、国民という文言は外国人を排除するものではない。「『個人の尊重』の理念および憲法が基礎とする国際協調主義に鑑みれば、外国人を排除すべき理由はなく……（一三条前段は）その理念において、すべての人間、すなわち生物学的な種としての人間（Homo Sapiens）のすべてが個人として尊重されるべきことを宣言するものである」との指摘の通りである（長谷部恭男編『注釈日本国憲法 2』、有斐閣、二〇一七年、六八頁（土井真一執筆））。

19　国会における修正協議で第一〇条から「民間の団体等の自発的な活動の促進」という文言は削除されたが、施策の例示として明記しないだけであり、民間団体等の活動を制限したり、同法の対象から除外したりする趣旨でないことは、国会審議で確認されている。

つつ、全ての個人が尊重される社会の基盤作りを進めていくことが求められる。

政府は今後、理解増進施策について基本計画を策定し（第八条、おおむね三年ごとに変更を検討）、毎年一回、施策実施状況を公表することになる（第七条）。関係各省庁の連絡会議ももうけられた（第一一条）。同法の理念を大きく育てていくことがこれからの課題である。

家族制度のあり方や包括的な差別の解消等の論点を考えていくときには、基礎的な知識を人々が共有していくことが出発点となる。一部で同法に対して投げかけられた「理解増進法ではなく差別増進法だ」といった非難はあたらない。その憶測を事実であるかのように繰り返すならば、せっかく同法がもっている可能性も、発揮の機会を奪われ死蔵されることになってしまうだろう。

理解増進施策推進に当たって「全ての国民が安心して生活することができることとなるよう、留意」（第一二条）するとの文言も、決して「多数派への配慮」を求める条項ではない。素直に読めばこれが第三条の理念を再度確認していることは明らかである。大事なのは「全ての」人々の安心である。マジョリティの漠然とした観念的な不安が、マイノリティの生存を脅かすような事態は同法が到底許容するところではない。もちろん、未知の事柄に人々が不安をもつこと自体はありうる。そのときに必要なのは、即座に相手方を「差別者」と糾弾したり、一部の者に忍従を強いたりすることではなく、丁寧に不安を解きほぐし、必要な調整やすり合わせを行っていくことである。同法が、まずは「知る」という意味での理解の促進に向け、着実で多様な取り組みが展開していく起点となるよう、粘り強い取り組みが求められている。

補章　対談

全ての人が自分らしく生きられる社会に

二〇二三年六月十六日に成立し同月二十三日に施行された「性的指向及びジェンダーアイデンティティの多様性に関する国民の理解の増進に関する法律」（以下、理解増進法」）。いまだに多くの誤解が残る同法を巡って、著者である池田弘乃氏と、公明党性的指向と性自認に関するプロジェクトチーム座長、超党派ＬＧＢＴ議連事務局長を務め、同法の制定に寄与した参議院議員・谷合正明氏による対談をお届けする。

参議院議員
谷合正明
×
山形大学教授
池田弘乃

理解増進法はなぜ〝理解〟されないか

——二〇二三年六月十六日、参議院本会議において「理解増進法」が成立しました。この法律の制定に携わった谷合議員に成立までの過程を振り返っていただきたいと思います。

谷合正明（以下、谷合） 性の多様性を巡る議論は、二〇一五年に結成された超党派議員連盟の間で地道に積み重ねていました。二〇二一年に、議連で合意に達した法案ができあがりましたが、残念ながらこのときには国会への提出は見送られました。この法案を何とか成立できないかと思慮していたときに出てきたのが、二〇二三年二月の首相秘書官の性的マイノリティへの差別発言でした。[2] このことで、メディアや世論の法案への注目度がいっきに高まりました。

首相秘書官の発言があった後、公明党の山口代表は岸田首相に「まずは当事者の声を聴いてほしい」と呼びかけました。また代表自身も声を聴きたいと言って、実際に当事者団体のもとを訪れ、切実な悩みや要望に耳を傾けました。

その後、議連で取りまとめた法案に対して、自民党や一部の野党から文言に対する修正が提示されました。文言が修正されても、法律的な意味や法的効果には変化がないことを確認した上で、これを受け入れました。この点は、公明党の三浦信祐議員が参議院内閣委員会での答弁で明確に言質を取っています。[3]

議連で長年にわたって協議し、また各政党間での粘り強い合意形成を図りながら、今回、理解増進法を成立させることができました。

池田弘乃（以下、池田） 首相秘書官の発言があったことで、いっきに〝時事的な問題〟となりました。理解増進法を巡る議論に、多くの人の注目が集まったことはよかった反面、メディアで「ＬＧＢＴ法案」という呼び方が繰り返されるようになり、それが理解増進法を巡る様々な誤解を生むきっかけになった面があったのではないかと振り返って思います。

谷合 理解増進法の目的は、法律の名前を見てもわかるように、性的指向とジェンダー・アイデンティティの多様性に関する理解の増進です。条文にも「ＬＧＢＴ」という言葉は一度も使われていません。

性の多様性は、私自身も含めて、全ての国民がもち合わせているもの。そのことを「みんなでしっかりと理解しましょう」という法律であって、決してある特定の人たちだけに向けられたものではありません。この点が今も理解されていない。

池田　「LGBTのためだけの法律ではなく、みんなが多様な性を理解するための法律なんだ」ということを共有していかないといけないですね。もちろん、この法律によって、性的マイノリティの人たちがより生きやすい社会に変わっていくことは期待されます。と同時にそれは、〝全ての人〟にとって生きやすい社会でもあるのだという共通理解を広げていくことが大事ではないかと思います。

――理解増進法のその根幹の部分がうまく伝わっていないのはなぜでしょうか。

谷合　まず我々政治家がもっと発信力を高めていかなければなりません。その上で、この法律に関しては、メディアのミスリードや、SNSを中心に広がった様々なフェイクニュースがあったことは事実です。代表的なものとして、「この法律が成立すれば、身体的には男性ではあるが、性自認は女性だと自称する人が、女性風呂や女子トイレを利用できるようになる」といった言説がありますが、これは全くのデマであり、ＬＧＢＴのＴにあたるトランスジェンダーへの偏見に他なりません。

池田　「性自認」の自認という言葉に引っ張られて、「自分がそう言えば、その場ですぐに性別を変えられる」というような誤解が広がってしまいました。性自認はジェンダー・アイデンティティという英語の訳語であり、その人の持続的なアイデンティティであって、決してその場ですぐに変えられるようなものではありません。なお、公衆浴場では、性自認ではなく「身体的特徴」で男女を取り扱うことになっています。それが憲法第一四条に照らし合わせても差別にはあたらないことは、すでに国会答弁などでも確認されています。

谷合　おっしゃる通りです。もし仮に、公衆浴場などにおいて、自身の身体的な性とは異なる浴場に無理やり入るなどの行為をすれば、それはこの理解増進法の有無にかかわらず、許されるものではありません。刑法などに照らして罰せられます。[4]

このような誤解や偏見から、廃案に追い込まれていたら、超党派議連も解散していたかもしれません。

議連の状態を山登りにたとえるなら、雨や雪の吹き付ける中、仲間たちと何年も着実に登り続けて、装備も使えなくなって、満身創痍でした。それでも、ようやく頂上の目前までたどり着いたんです。この通常国会を逃したら、絶対に法律を通すことはできない。そうした思いで最後まで粘り強く取り組みました。

――トランスジェンダーという言葉が出ましたが、関連する話題として、十月二十五日、最高裁判所大法廷が、「性同一性障害者の性別の取扱いの特例に関する法律（以下、特例法）」で規定されている「生殖能力喪失要件」は、憲法第一三条に違反し無効であるとの決定を、十五名の裁判官の全員一致により下しました。[5] 一方で、変更する性別の性器に似た外観を備えているとした「外観要件」については、審理が不十分として高等裁判所に差し戻されました。

谷合　今回の最高裁の違憲決定は、立法府に携わる者として私自身、大変に重く受け止めています。特例法はこれまで二度改正されましたが、公明党は従前からこの特例法については見直しが必要であると訴えてきました。今回、違憲決定が下された「生殖能力喪失要件」を削除する法改正は当然必要ですが、高裁に差し戻された「外観要件」などの他の要件についても、行政府と立法府が総合的に議論を進める必要があると個人的には思っています。いずれにしても、人権擁護の観点に立って、法改正に取り組むことが大切です。

池田 「外観要件」が高裁に差し戻されたのは、高裁で審理が尽くされていない以上、最高裁としてそこまで踏み込まないというシンプルな判断によるものです。たしかに「生殖能力喪失要件」と「外観要件」はもうけられた背景が違っていて、個別に議論が必要なので、そうした点で私は今回の最高裁の判断は理解できるものだと思っています。最高裁は司法府として自らに課せられた職分を粛々と全うしました。今度は、国会が自身の職分を果たす番です。当事者が理不尽に苦しめられないためにも、特例法の改正について、過度に政治的争点のように扱うのではなく、真摯な姿勢で取り組んでいってほしいですね。

――理解増進法が成立する過程を思い起こすと、議論がどんどん極端なものになり、当事者の現実を置き去りにしてしまったように思います。

谷合　理解増進法についていえば、それは罰則規定のない「理念法」です。つまり、これまでの法体系やルールを変えるようなものではありません。いたずらに不安を煽る言説がSNS上などを中心に広がってしまい、この法律の趣旨は今も十分に伝わっていません。

池田　理解増進法が成立した後に、とある自治体の職員の方が、「詳しくお話を聞きたい」と私のもとを訪ねてきました。谷合さんが話されたようなことを、私もその場で説明をすると、「条文を素直に読むとそうなるのですが、報道で言われていることとあまりに違ったので、直接お話を聞きに来ました」と言われていましたね。

小さく生んで、大きく育てる

――理解増進法が成立したことで、実際に何が変わるのでしょうか。

谷合　条文の第八条に記されているように、政府はこの法律の基本理念にのっとって、性の多様性に関する国民の理解を増進するための基本計画を策定しなければなりません。基本計

画ができあがれば、運用方針なども明らかになり、自治体や学校現場、事業所などでも実情に応じてそれぞれの取り組みがなされていくことが見込まれます。

池田　特に学校現場では、これまでにも性の多様性の教育に関する取り組みを地道に行ってきた先生方がいました。そうした現場の先生からは、「今回の法律では、学校現場での努力義務が規定されたので、『うちの学校でもしっかりやっていきましょう』という話を校長先生などにしやすくなりました」という声を実際に耳にします。日本の性的マイノリティの特に十代の当事者の約半数は、過去一年間に自殺を考えたことがあるという調査もあります。当事者を取り巻く状況を改善するためにも、学校現場で性の多様性への理解が深まることは急務です。

谷合　たしかに、学校現場での取り組みは非常に重要ですよね。ただ、先生や講師によって言っていることがバラバラになってはいけないので、共通のテキストやガイドラインのようなものがあるとよいかもしれないと考えているところです。

また、法律をどう活用していくかが今後極めて重要になります。よく「理解増進法ができても、何も変わらないいんじゃないか」と言われるのですが、そんなことはありません。例えば、これまでは同性婚という大きなテーマや、あるいはトイレのあり方などについて議論しようにも、所管省庁も担当大臣もいないので、一向に国会で具体的な議論が進められなかった。法律ができたことで、こうした議論の場がようやくできました。

池田　理解増進法を巡って、当事者団体からも多様な声があることは私も承知しています。けれども、この法律に関しては、まず〝ゼロからイチ〟にすることの意義が大きいと思っています。そして、社会の中で一つずつ具体的な実例を積み重ねていき、議論を深め、この法律がもっている可能性を最大限に発揮していく。〝小さく生んで、大きく育てる〟という粘り強い姿勢が大切だと思います。

また他にも、〝妥協の知恵〟が大切ではないかと私は思っています。「自分たちの理想がかなわないのであればゼロでいいんだ」といった清々《すがすが》しさは、一見美しいかもしれませんが、それでは社会は何も変わりません。この先にある同性婚をはじめとした議論も遅々として進まないでしょう。社会を着実に変えていくために、妥協の意味をポジティブに捉え直すことが必要ではないでしょうか。

二〇〇三年に特例法が成立したときも、様々な課題や議論がある中で、懸命のロビイングを行う当事者の方々と当時の南野知恵子参議院議員や浜四津敏子参議院議員をはじめとする政治家たちが粘り強く知恵を絞って、議員立法で通しましたね。

谷合 私は直接携わった訳ではありませんが、当時の先輩方が、「gid.jp」[6]の代表を務められていた山本蘭さんたちと共に懸命に動いてくださいました。

池田 特例法が成立し、法律の名称や条文に「性同一性障害」と書き込まれたことによって、当事者が現に日本社会に生きていて、〝私たちと共に生きている市民〟なんだということが社会に共有された訳です。だからこそ、一つ一つのステップを明確にして、それを着実に達成していく粘り強さをもつことが大切だと思います。

——理念法である同法を有名無実化させないために、次はどういったステップを踏むことが大切だとお考えですか。

池田　理解増進法自体についていえば、まず趣旨をきちんと社会に共有していくという地道な作業を続けることが大切です。そして、誰もが自分らしく生きられるための法律であるという前提のもとで、日本の性的マイノリティの当事者の現実をきちんと伝えていくこと、そして知っていくことが大事です。たしかに日本で暮らしていると、性的マイノリティであるがゆえにいきなり暴力を振るわれたり、殺害されたりすることは少ないかもしれません。とはいえ、当事者のメンタルヘルスがよくないことを示すデータは様々出ていて、生活の中で多くの生きづらさを抱えています。当事者の現実を知ることが、やがては環境の改善につながっていくと思います。現に社会に存在する不安に対しては丁寧に解きほぐしつつ、多様な個人が尊重される社会に向けて一歩ずつ調整やすり合わせを行っていくことが大切だと考えています。

谷合　そのためにもまずは政府がどういった基本計画を策定するのか注視しています。もちろん、公明党の議員としても、また超党派議連の一員としても、政府に対して言うべきことはしっかりと言っていきます。また、私自身も引き続き様々な当事者とお会いして、直接お声を聴いて、それを法律の基本計画や運営方針などに反映させていきたいです。

今後、日本でも、同性婚を法制化するかどうかの議論が活発化していくはずです。多様な考えがあるからこそ、粘り強く超党派で合意形成を図りながら、当事者を置き去りにしない議論を進めていきたいと思っています。

1 内閣府「性的指向・ジェンダーアイデンティティ理解増進」https://www8.cao.go.jp/rikaizoshin/index.html

2 岸田首相、性的少数者蔑視の発言した秘書官を更迭（BBC 二〇二三年二月五日）https://www.bbc.com/japanese/64527653

3 参議院インターネット審議中継（二〇二三年六月十五日）https://www.webtv.sangiin.go.jp/webtv/detail.php?sid=7547
国会会議録検索システム・第二百十一回国会　参議院内閣委員会第十九号（令和五年六月十五日）
https://kokkai.ndl.go.jp/#/detail?minId=121114889X01920230615&current=1

4 「心は女なのに」女性風呂侵入疑いで四十三歳男性逮捕・容疑認める（『毎日新聞』二〇二三年十一月十四日）https://mainichi.jp/articles/20231114/k00/00m/040/036000c

5 裁判所・裁判例情報、最高裁判所令和五年十月二十五日大法廷決定（令和二（ク）九九三）https://www.courts.go.jp/app/hanrei_jp/detail2?id=92527

6 日本性同一性障害・性別違和と共に生きる人々の会。団体のホームページによると「性同一性障害（およびその後継概念）の当事者の方や出生時に割り当てられた性別に違和感をもつ人、そのご家族やパートナーの方などの関係者等が、心配なく笑顔で暮らせるように様々な支援活動を行」うとともに「当事者が差別や偏見を受けることなく、ひとりひとりがかけがえのない個人として尊重される社会環境や法制度の整備」を目指している。代表を務められていた山本蘭氏は二〇二一年に逝去。

おわりに

大学以来の畏友である浅井伸行さんを経由して、第三文明社からご連絡をいただいたのは、二〇二一年六月のことでした。性的指向や性自認に関わる日本社会の課題について考える書籍を企画しており、私に会いたいということでメールをくださったのです。

「まずは相談を」ということで、遠路はるばる山形まで私の研究室を訪ねてきてくださった担当者の企画にかける熱弁を聞いているうち、私は自らの浅学菲才《せんがくひさい》も省みず、問題提起のための何かをまとめることができるかもしれないと無謀にも思ってしまいました。とはいっても、そのとき、私の脳裏にまず浮かんだのは、多様な性に関する解説書を書くといったアイディアではなく、何人かの友人たちの姿や声から学ぶような作品を編むことはできないだろうかという思いでした。この思いは第三文明社の企画趣旨とも合致し、本書の第一部となったインタビューを、二〇二一年の八月からスタートさせることになりました。その後もコロナ禍《か》ゆえに日々変動する職場の情勢に青息吐息《あおいきといき》で対応する中、二〇二二年六月までインタビューを断続的に続け、その都度、「WEB第三文明」に記事を掲載していただきました。

第一部の主人公の皆さんは、このインタビュー後も、様々な課題に取り組みながら日々を暮らしています。そこでは豊かな知恵を含んだエピソードや言葉がまた新たに生まれていることでしょう。それに向き合うとき、社会変革のために苦闘してきた多くの先達たちがそうであったように、人々の意識向上と、社会制度の適切な整備という二つの課題を車の両輪として捉えていく構えがますます重要になってきているように感じています。この二つの課題について、その時々での折り合いの付け方が、その社会のコモン・センス（常識）に反映されていくのでしょう。本書は、この時代の新たな折り合いの付け方に、少しでも寄与することができるでしょうか。

本書を締めくくり、世の中に開示するにあたって、何よりインタビューに応じてくださった、シンさん、シュウさん、なおみさん、福美さん、しずかさん、たくやさん、美奈さんに、今までのかけがえのない交流への感謝も込めて心からの御礼をお伝えしたいと思います。

また、Ｗｅｂ記事連載時の知人からの反応や鋭い意見は大変励みになりました。エリさん、典子さん、アジョさん、ユージさん、イノーさん、真希さん、ありがとうございます。私にとっての一つの現場である大学で出会った石垣和恵さん、中澤未美子さん、松井愛さんにもこの場を借りて御礼申し上げます。補章の対談をコーディネートしてくださったライターの南部《なんぶ》健人《けんと》さんの的確なとりまとめにも感謝申し上げます。ぼんやり暮らす私を適時的確に鼓舞してくれる綾部六郎さん、小林史明さん、ありがとうございます。「夜の中を歩み通す」勇気を日々与えてくれる森田孝生さん、いつもありがとう。

最後になりますが、第三文明社の皆様には、(当初の刊行予定を大幅に過ぎ)足掛け三年にわたることになった作業を粘り強く支えてくださったことに深く感謝申し上げます。

読者の皆さまから、本書へ忌憚《きたん》のないご意見をいただければ幸いです。ご批判を仰ぎながら私自身も多様な性に関わるコモン・センスの探究をさらに続けてまいりたいと思います。

二〇二四年五月三日

山形市小白川町にて　池田弘乃

さ行

性別適合手術	72,74,77,108
性別不合	61
SOGI	78,79,138,139,140,158,159

た行

男女共同参画	96
男女平等	96
東京都青年の家事件	25
同性愛	19,25,26
同性婚	54,74,174,176
トランスジェンダー	19,59,60,95,96,141,169

な行

ニューハーフ	70,102
ノンバイナリー	60,141

は行

パートナーシップ制度	147
バイセクシュアル	19,39,40,41
パンセクシュアル	40,41
BL（ボーイズ・ラブ）	24
ポリアモリー	143

ら行

レズビアン	19,36,55,142

※ 該当頁が多い語句に関しては選別して頁を明記しています。

索引

あ行

アウティング	28,78
アセクシュアル	66,123,142
アライ	47,48
アロマンティック	123,142
ウーマン・リブ	43
LGBT	19,166,167
LGBTQ	19,96

か行

カミングアウト	28,45,49,76,109
クィア	20,123
クエスチョニング	20,123
ゲイ	19,26,27,142
経産省トイレ使用制限訴訟	153

さ行

ジェンダー・アイデンティティ	21,22,132,133,168
シスジェンダー	60,83,84,134,141
性自認	21,133,136,141,154,168
性的指向	20,21,66,137,142
性的指向及びジェンダーアイデンティティの多様性に関する国民の理解の増進に関する法律（理解増進法）	155,164
性同一性障害（GID）	58,69,70,71,73,132
性同一性障害者の性別の取扱いの特例に関する法律（特例法）	73,74,85,87,88,169,174
性分化疾患	123,129（注12）
性別違和	60,152

池田弘乃（いけだ・ひろの）

1977年、東京生まれ、山形大学人文社会科学部教授。専攻は、法哲学、ジェンダー･セクシュアリティと法。著書に『ケアへの法哲学：フェミニズム法理論との対話』（ナカニシヤ出版、2022年）がある。編著に『クィアと法：性規範の解放／開放のために』（綾部六郎･池田弘乃編、日本評論社、2019年）、『セクシュアリティと法：身体・社会・言説との交錯』（谷口洋幸・綾部六郎・池田弘乃編、法律文化社、2017年）などがある。論考に「『正義などない？それでも権利のため闘い続けるんだ』――性的マイノリティとホーム」（志田陽子他編『映画で学ぶ憲法Ⅱ』、法律文化社、2021年）、「一人前の市民とは誰か？:クィアに考えるために」（『法学セミナー』62巻10号64-67頁、2017年）などがある。

LGBT《エルジービーティー》のコモン・センス――自分《じぶん》らしく生《い》きられる世界《せかい》へ

2024年6月6日　初版第1刷発行

著　者　池田弘乃《いけだひろの》
発行者　松本義治
発行所　株式会社　第三文明社
東京都新宿区新宿1-23-5　〒160-0022
電話番号　03(5269)7144（営業代表）
03(5269)7145（注文専用）
03(5269)7154（編集代表）
振替口座　0015-3-117823
URL　https://www.daisanbunmei.co.jp/
印刷・製本　精文堂印刷株式会社

ISBN 978-4-476-03425-7